small talk

대화의 물꼬를 트는

# 스몰톡
# 영어회화

구슬 ★ 지음

**PAGODA Books**

small talk 대화의 물꼬를 트는
**스몰톡**
**영어회화**

초판 1쇄 인쇄 2020년 11월 20일
초판 1쇄 발행 2020년 12월 1일
초판 6쇄 발행 2024년 1월 22일

**지 은 이** | 구슬
**펴 낸 이** | 박경실
**펴 낸 곳** | **PAGODA Books** 파고다북스
**출판등록** | 2005년 5월 27일 제 300-2005-90호
**주　　소** | 06614 서울특별시 서초구 강남대로 419, 19층(서초동, 파고다타워)
**전　　화** | (02) 6940-4070
**팩　　스** | (02) 536-0660
**홈페이지** | www.pagodabook.com

**ISBN** 978-89-6281-863-5(13740)

파고다북스　　www.pagodabook.com
파고다 어학원　www.pagoda21.com
파고다 인강　　www.pagodastar.com
테스트 클리닉　www.testclinic.com

▎낙장 및 파본은 구매처에서 교환해 드립니다.

# Prologue

전 스몰톡 울렁증이 있습니다.

적절한 스몰톡을 하지 못해 초조하게 엘리베이터 층수 올라가는 것만 바라보고 있던 적도 셀 수 없이 많고요. 어색한 침묵을 깨기 위해 내뱉은 말 때문에 상황을 더 어색하게 만든 적도 많답니다.

사실 지금도 피할 수 있다면 최대한 피하고 싶은 게 스몰톡이지만 모르는 사람에게도 자연스레 한 마디 던지는 미국 문화 특성상 미국인들과 함께 있는 환경에서 스몰톡은 절대 피할 수 없습니다.

스몰톡, 즉 소소한 일상 잡담엔 끝이 없지만 이 책에선 가장 기본적인 스몰톡 표현 100개를 담았습니다. 저처럼 스몰톡 울렁증이 있는 분들, 스몰톡을 어떻게 시작 해야 할지 갈피가 안 잡히는 분들에게 일단 시작할 수 있는 가장 기본적인 표현들을 담았어요.

표현들을 막상 보면 '어? 너무 쉬운 거 아닌가?'란 생각이 드실 수도 있어요. 하지만 적절한 상황에서 이런 표현들을 탁 내뱉는 건 결코 쉽지 않습니다. 그러니 다음에 네이티브와 같이 엘리베이터에 탔을 때 최대한 여유로운 표정으로 자연스레 한마디 내뱉으실 수 있도록 이 책에 담은 표현들만큼은 꼭 여러분들 걸로 만드시길 바랍니다.

사랑하는 나의 엄마, 아빠
**I couldn't have done this without you.**
**Thank you for everything.**

구슬

## (( 책 내용 미리 보기 ))

**"구슬 쌤만의 친절한 설명이 담겨 있는 부분입니다. 꼼꼼히 읽어 보시고 용법을 익히세요."**

→ 구슬 쌤의 친절한 음성 강의를 꼭 듣고 넘어갑니다. (네이버 오디오 클립 '스몰톡 영어회화' 검색)

**"실제 사용되는 대화를 통해 스몰톡 표현이 상황 속에서 어떻게 사용되는지 이해합니다. 원어민의 발음을 들으며 따라 읽어봅니다."**

→ MP3 파일을 여러 번 들으면서 문장을 외우고 발음 연습까지 합니다.

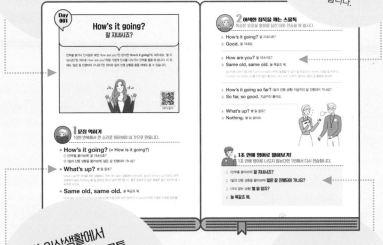

**"일상생활에서 사용 빈도가 높은 스몰톡 예문을 정리해 두었습니다. 반복해서 따라 읽습니다."**

→ MP3 파일을 무한 반복 따라 읽으면서 입에서 자동으로 나올 때까지 연습합니다.

**"해당 단원에 나온 예문 3개를 완전히 외우고 넘어갈 수 있도록 해 줍니다."**

" 한 챕터에서 배운 유용한 예문을 기억하고 있는지 확인하고 넘어갑니다. 크게 따라 읽으면서 확실히 자기 것으로 만들고 넘어갑니다. "

→ MP3 파일을 여러 번 들으면서 잊어버린 문장은 없는지 확인하면서 다시 여러 번 연습합니다.

" 배운 유용한 예문을 한글 해석만 보고 떠올려 보는 부분입니다. 완전히 외우고 넘어갈 수 있도록 입에서 자동으로 나올 때까지 연습합니다. "

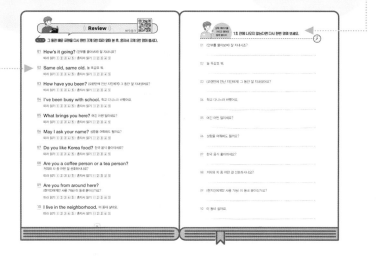

## 파고다 5분톡 학습법

Step 1   교재의 영어 문장을 입으로 많이 (최소 10번) 반복해서 말하세요.

Step 2   저자 직강 데일리 음성 강의를 들으면서 의미와 표현을 이해하세요.

Step 3   교재 예문 MP3를 들으며 따라 말하세요.

Step 4   5분 집중 말하기 훈련 프로그램을 활용해 영어를 듣고 따라 말하고, 우리말 뜻을 보고 영어로 바꿔 말하는 연습을 하세요.

# (( 이 책의 200% 활용법 ))

파고다북스 5분톡
5분 집중 말하기 훈련 프로그램
바로가기

---

## " 저자 직강 데일리 음성 강의 "

🎲 45만 유튜버 베테랑 영어회화 강사의 음성 강의!

🎲 교재 내용을 보다 확실하게 이해시켜 드립니다.

→ 네이버 오디오 클립에서 '스몰톡 영어회화'를 검색해서 청취하세요

---

## " 교재 예문 MP3 "

🎲 영어 귀가 뜨이려면 반복해서 듣는 게 최고!

🎲 책에 수록된 모든 예문을 원어민 발음으로 들어볼 수 있도록
MP3를 무료로 제공합니다.

→ 파고다북스 홈페이지에서 다운로드해 청취하세요.
본문의 QR 코드를 스캔해서 실시간 스트리밍도 가능합니다.

# 5분톡 PAGODA

🕐 **하루 5분씩 100일,**
**내 입에서 영어가 술술 나올 때까지!**
**파고다 5분톡 스몰톡 영어회화 학습을 끌어주고**
**밀어주는 추가 자료 4가지**

## " 5분 집중 말하기 훈련 프로그램 "

🎲 완벽한 확인 학습으로 문장 마스터!

🎲 교재, 음성 강의, MP3 학습 후 온라인 말하기 훈련 프로그램을
통해 문장 습득과 발음 정확도를 체크해보세요.

→ 파고다북스 홈페이지에서 학습할 수 있습니다.

## " 5분톡 발음 클리닉 "

🎲 영어 발음 업그레이드 특훈!

🎲 파고다 베테랑 영어회화 선생님의 강의를 통해 한국인이
어려워하는 영어 발음만 모아 교정, 연습할 수 있습니다.

→ 파고다북스 홈페이지 또는 유튜브에서 '파고다 5분톡 발음 클리닉'을
검색하여 영상을 시청하세요.

# CONTENTS

**"**
**Chapter 5**
학교생활에 대해
얘기하기
**"**

**Chapter 11**
**기타 스몰톡**
**핵심 표현들**

**Chapter 12**
**부드럽게 마무리**

# Chapter 01

**Day**
# 001
# ~
# 008

# 기본 정보
# 물어보기

# How's it going?
## 잘 지내시죠?

안부를 묻거나 인사말로 매번 How are you?만 쓴다면 **How's it going?**도 써주세요. '잘 지내시죠?'란 의미로 How are you?처럼 가볍게 인사를 나누거나 안부를 물 때 씁니다. 이 외에도 '일은 잘 진행되어 가나요?'란 의미로 일의 진행 상황을 물을 때에도 쓸 수 있습니다.

MP3 듣기

# 1 문장 익히기
### 10번 반복해서 큰 소리로 읽어보며 내 것으로 만듭니다.

- ### How's it going? (= How is it going?)
  ① (안부를 물어보며) 잘 지내시죠?
  ② (일의 진행 상황을 물어보며) 일은 잘 진행되어 가나요?

- ### What's up? 별일 없죠?

  What's up?은 격식을 차린 상황보다 주로 격식 없는 상황에서 쓰는데요. 상대가 What's up?이라고 하면 당황하지 말고 Nothing.(별일 없어요.)하고 넘어가면 됩니다. 물론 말해주고 싶은 특별한 일이 있다면 얘기해주면 되고요.

- ### Same old, same old. 늘 똑같죠 뭐.

  How are you? 또는 How's it going?에 가장 자주 쓰는 답변이 I'm good.이지만 가끔은 다양한 표현들도 써주세요.

# 2 어색한 침묵을 깨는 스몰톡

학습한 문장을 활용해 실전 대화 연습을 해 봅시다.

A How's it going? 잘 지내시죠?
B Good. 잘 지내요.

A How are you? 잘 지내시죠?
B Same old, same old. 늘 똑같죠 뭐.

잘 지내느냐는 대답으로 Can't complain. (딱히 불평할 것 없이 잘 지냅니다.) Terrific. (정말 잘 지내요.) Couldn't be better. (더할 나위 없이 좋아요.), Not bad. (나쁘지 않아요.) 등도 잘 활용해 보세요.

A How's it going so far? (일의 진행 상황) 지금까진 잘 진행되어 가나요?
B So far, so good. 지금까진 좋아요.

A What's up? 별일 없죠?
B Nothing. 별일 없어요.

## 1초 안에 영어로 말해보기!

1초 안에 영어로 나오지 않는다면 1번에서 다시 연습합니다.

1  (안부를 물어보며) **잘 지내시죠?**

2  (일의 진행 상황을 물어보며) **일은 잘 진행되어 가나요?**

3  (격식 없는 상황) **별일 없죠?**

4  **늘 똑같죠 뭐.**

# How have you been?
## 그동안 잘 지내셨어요?

오랜만에 만난 지인에게 안부를 물을 때 How are you? 또는 How's it going?도 괜찮지만 그동안 잘 지냈냐는 의미인 **How have you been?**도 써주세요. 초면에는 쓸 수 없는 표현이지만 오랜만에 본 지인의 근황을 물어볼 때 자주 씁니다.

MP3 듣기

# 1 문장 익히기
### 10번 반복해서 큰 소리로 읽어보며 내 것으로 만듭니다.

- **How have you been?**
  (오랜만에 만난 지인에게) 그동안 잘 지내셨어요?

- **I've been busy with kids.**
  애들 보느라 바빴어요.

- **I've been busy with school.**
  학교 다니느라 바빴어요.

- **I've been swamped with work.**
  일하느라 정신없이 바빴어요.
  swamped는 일의 늪에 빠져 허우적대 듯 정말 바쁘다는 걸 의미합니다.

## 2 어색한 침묵을 깨는 스몰톡
학습한 문장을 활용해 실전 대화 연습을 해 봅시다.

----

A How have you been?
그동안 잘 지내셨어요?

B Same old, same old. I've just been busy with work.
늘 똑같죠 뭐. 그냥 일하느라 바빴어요.

A Yeah, me too. Well, we should catch up sometime.
네, 저도요. 언제 시간 될 때 만나서 근황 얘기나 해요.

B How about tomorrow? It'd be nice to have dinner together.
내일은 어때요? 같이 저녁 먹으면 좋겠네요.

## 1초 안에 영어로 말해보기!
1초 안에 영어로 나오지 않는다면 1번에서 다시 연습합니다.

----

1 (오랜만에 만난 지인에게) **그동안 잘 지내셨어요?**

2 **애들 보느라 바빴어요.**

3 **학교 다니느라 바빴어요.**

4 **일하느라 정신없이 바빴어요.**

# What brings you here?
## 여긴 어쩐 일이세요?

지인을 예상치 못한 장소에서 우연히 만났을 때, 또는 처음 보는 사람과 무슨 일로 여기에 온 건지 물어보며 대화할 때 자주 쓰이는 표현입니다. bring에 '~에 있게 하다'란 의미가 있는데 요. **What brings you here?**는 무엇이 당신을 여기에 있게 하는지 즉, '여긴 어쩐 일이세요?/무슨 일로 여기에 오셨어요?'란 의미로 쓰여요.

MP3 듣기

## 1 문장 익히기
### 10번 반복해서 큰 소리로 읽어보며 내 것으로 만듭니다.

- ## What brings you here?
  여긴 어쩐 일이세요?

- ## What brings you here this late?
  이렇게 늦게 여긴 어쩐 일로 오셨어요?

- ## What brings you here today?
  오늘 여긴 어쩐 일로 오셨어요?

# 2 어색한 침묵을 깨는 스몰톡

학습한 문장을 활용해 실전 대화 연습을 해 봅시다.

---

● 초면인 경우

A **What brings you here?** 여긴 어쩐 일이세요?

B **I'm here for business.** 업무차 왔어요.

---

● 구면인 경우

A **What brings you here today?** 오늘 여긴 어쩐 일로 오셨어요?

B **I just wanted to get some air.** 그냥 바람 좀 쐬러 왔어요.

---

A **What brings you here this late?**
이렇게 늦게 여긴 어쩐 일로 오셨어요?

B **I just wanted to grab a drink.**
그냥 술 한잔하고 싶어서 왔어요.

간단히 술 한잔 마실 때는 a를 넣어서
grab a drink라고 해주세요.

## 1초 안에 영어로 말해보기!

1초 안에 영어로 나오지 않는다면 1번에서 다시 연습합니다.

---

1 여긴 어쩐 일이세요?

2 이렇게 늦게 여긴 어쩐 일로 오셨어요?

3 오늘 여긴 어쩐 일로 오셨어요?

# May I ask your name?
## 성함을 여쭤봐도 될까요?

상대의 이름을 물어볼 때 What's your name?이 틀린 건 아니지만 격식을 차린 상황에서 우리도 '이름이 뭐예요?'라고 하지는 않죠. 그러니 성함을 여쭤봐도 되는지 묻는 **May I ask your name?** 또는 명함을 요청하는 **Can I have your (business) card?**를 쓰세요. 참고로 카페에서 음료 주문을 받을 때 늘 점원이 손님에게 이름을 물러수기 위해 이름을 물어보는데요. 이때도 **What's your name?** 대신 **Can I get your name, please?**를 더 자주 씁니다.

MP3 듣기

# 1 문장 익히기
### 10번 반복해서 큰 소리로 읽어보며 내 것으로 만듭니다.

- ## What's your name?
  이름이 뭐예요?

- ## May I ask your name?
  성함을 여쭤봐도 될까요?

- ## Can I get your name, please?
  이름을 말씀해 주실 수 있나요?

- ## You can just call me Chris.
  그냥 Chris라고 부르셔도 돼요.

## 2 어색한 침묵을 깨는 스몰톡

학습한 문장을 활용해 실전 대화 연습을 해 봅시다.

A May I ask your name? 성함을 여쭤봐도 될까요?

B Sure. My name is Christian Lee. You can just call me
Chris. 그럼요. 제 이름은 Christian Lee입니다. 그냥 Chris라고 부르셔도 돼요.

---

A Can I get your name, please? 이름을 말씀해 주실 수 있나요?

B It's Seul. Seul입니다.

A Could you spell it out for me?
(익숙하지 않은 이름인 경우) 스펠링 좀 알려주시겠어요?

B Sure. It's spelled S-E-U-L.
(네, S-E-U-L입니다.)

우리도 외국 이름을 들으면 낯설 때가 있는
것처럼 네이티브도 한국 이름을 들으면
익숙하지 않기 때문에 다시 말해달라는
Can you tell me your name, again? 또
는 스펠링을 알려 달라는 Could you spell
it out for me?를 자주 씁니다.

## 1초 안에 영어로 말해보기!

1초 안에 영어로 나오지 않는다면 1번에서 다시 연습합니다.

1 이름이 뭐예요?

2 성함을 여쭤봐도 될까요?

3 이름을 말씀해 주실 수 있나요?

4 그냥 Chris라고 부르셔도 돼요.

# Do you like Korean food?
## 한국 음식 좋아하세요?

우리도 지인을 만나면 뭔가를 먹으러 가는 것처럼 네이티브도 똑같아요. 네이티브를 만나 식사 장소를 정할 때 **Do you like ~?**(~를 좋아하세요?)를 응용해 물어보세요. 음식 외에 선호하는 음악, 영화, 장소 등을 물어볼 때도 쓸 수 있는 활용도 높은 표현입니다.

MP3 듣기

# 1 문장 익히기
### 10번 반복해서 큰 소리로 읽어보며 내 것으로 만듭니다.

-------------------------------------

- ## Do you like Korean food?
  한국 음식 좋아하세요?

- ## I love Korean food.
  한국 음식 정말 좋아해요.

- ## Do you like Chinese food?
  중국 음식 좋아하세요?

- ## Do you like coffee?
  커피 좋아하세요?

## 2 어색한 침묵을 깨는 스몰톡

학습한 문장을 활용해 실전 대화 연습을 해 봅시다.

A **Do you like Korean food?**
한국 음식 좋아하세요?

B **Absolutely! I love Korean food. I mean, who wouldn't?**
그럼요! 한국 음식 정말 좋아해요. 뭐, 누군들 한국 음식을 안 좋아하겠어요?

A **Well, I'm going to have to take you to the Korean barbecue place sometime.**
언제 한국식 고깃집에 모시고 가야겠네요.

---

A **Do you like Chinese food?**
중국 음식 좋아하세요?

B **I do, but I had Chinese for lunch.**
네, 그런데 점심으로 중국 음식을 먹었어요.

Chinese 뒤에 food를 생략해도 문맥상
중국 음식이란 걸 알 수 있어요.

## 1초 안에 영어로 말해보기!

1초 안에 영어로 나오지 않는다면 1번에서 다시 연습합니다.

1 한국 음식 좋아하세요?

2 한국 음식 정말 좋아해요.

3 중국 음식 좋아하세요?

4 커피 좋아하세요?

# Are you a coffee person or a tea person?
## 커피와 차 중 어떤 걸 선호하시나요?

뭔가를 선호하는 사람이란 의미로 네이티브는 평소 [명사+person] 형태를 자주 쓰는데요. 예를 들어 아침형 인간은 a morning person, 저녁형 인간은 a night person, 이렇게 특히 대조되는 두 개를 비교할 때 자주 써요.

MP3 듣기

## **1 문장 익히기**
10번 반복해서 큰 소리로 읽어보며 내 것으로 만듭니다.

- **Are you a coffee person or a tea person?**
  커피와 차 중 어떤 걸 선호하시나요?

- **Are you a morning person or a night person?**
  아침형 인간이신가요? 아니면 저녁형 인간이신가요?

- **I'm not much of a beer person.**
  전 맥주 별로 안 좋아해요.

# 2 어색한 침묵을 깨는 스몰톡

학습한 문장을 활용해 실전 대화 연습을 해 봅시다.

A Are you a coffee person or a tea person?
커피와 차 중 어떤 걸 선호하시나요?

B I'm more of a coffee person.
(커피를 좋아하는 사람에 더 가까움) 전 커피를 더 좋아해요.

A Are you a morning person?
아침형 인간이신가요?

B Actually, I'm a night person.
실은 전 저녁형 인간이에요.

A I'm not much of a cat person.
전 고양이 별로 안 좋아해요.

B Why? They're so adorable.
왜요? 정말 사랑스러운데.

A I'm allergic to cats.
고양이 알레르기가 있어서요.

## 1초 안에 영어로 말해보기!
1초 안에 영어로 나오지 않는다면 1번에서 다시 연습합니다.

1 커피와 차 중 어떤 걸 선호하시나요?

2 아침형 인간이신가요? 아니면 저녁형 인간이신가요?

3 전 맥주 별로 안 좋아해요.

# Are you from around here?
## 이 동네 분이신가요?

만일 저를 우연히 인천에서 보셨다면 '인천 분이신가요?'라고 물어볼 수 있죠? 누군가의 출신 국가나 지역을 물어볼 때 Where are you from?도 맞지만 현재 대화를 나누고 있는 특정 지역 출신인지 물을 땐 **Are you from around here?**도 자주 씁니다. 단, Are you from around here?는 대화를 나누는 국가의 현지인에게만 쓸 수 있고 외국인한테는 쓸 수 없다는 점 유의하세요.

MP3 듣기

## 1 문장 익히기
**10번 반복해서 큰 소리로 읽어보며 내 것으로 만듭니다.**

- **Where are you from?**
  (현지인 또는 외국인에게 사용 가능) 어느 나라/지역에서 오셨나요?

- **Are you from around here?**
  (현지인에게만 사용 가능) 이 동네/지역 분이신가요?

- **I'm from South Korea.**
  저는 한국에서 왔습니다.

# 2 어색한 침묵을 깨는 스몰톡

학습한 문장을 활용해 실전 대화 연습을 해 봅시다.

A Where are you from? 어느 나라/지역에서 오셨나요?

B I'm from Korea. 저는 한국에서 왔습니다.

A North or South? 북쪽이요? 아니면 남쪽이요?

B South. I'm from Seoul. 남쪽이요. 서울에서 왔어요.

I'm from Korea.라고 하면 대부분 North or South? (북쪽이요? 아니면 남쪽이요?)라고 물어봅니다.
단순히 몰라서 물어보는 거니까 친절하게 South.라고 답변해 주세요.

---

A Are you from around here?
이 동네/지역 분이신가요?

B Yes, I was born and raised in Atlanta. How about you?
네, Atlanta에서 나고 자란 토박이입니다. 당신은요?

A I'm from South Korea.
저는 한국에서 왔습니다.

# 1초 안에 영어로 말해보기!

1초 안에 영어로 나오지 않는다면 1번에서 다시 연습합니다.

1 (현지인 또는 외국인에게 사용 가능) **어느 나라/지역에서 오셨나요?**

2 (현지인에게만 사용 가능) **이 동네/지역 분이신가요?**

3 **저는 한국에서 왔습니다.**

# Do you live in the neighborhood?
## 이 동네에 사시나요?

고향을 묻는 게 아니라 단순히 근처에서 거주하는지를 물어볼 땐 **Do you live in the neighborhood?** (이 동네에 사시나요?)를 써주세요. 세부 주소를 묻는 게 아니기 때문에 편히 쓸 수 있는 스몰톡 표현입니다.

MP3 듣기

# 1 문장 익히기
### 10번 반복해서 큰 소리로 읽어보며 내 것으로 만듭니다.

- ## Do you live in the neighborhood?
  이 동네에 사시나요?

- ## I live in the neighborhood.
  이 동네 살아요.

- ## I was in the neighborhood and wanted to say hi.
  이 동네/근처에 온 김에 인사드리고 싶었어요.

## 2 어색한 침묵을 깨는 스몰톡

학습한 문장을 활용해 실전 대화 연습을 해 봅시다.

A Do you live in the neighborhood?
이 동네에 사시나요?

B Yeah, I live just around the corner.
네, 바로 코앞에 살아요.

A Me too! I didn't know we were neighbors. We should hang out more often!
저도요! 우리가 이웃인지 몰랐어요. 더 자주 봐요!

B Definitely!
그래요!

A What brings you here?
여긴 어쩐 일이세요?

B Well, I was in the neighborhood and wanted to say hi.
이 동네/근처에 온 김에 인사 드리고 싶었어요.

## 1초 안에 영어로 말해보기!

1초 안에 영어로 나오지 않는다면 1번에서 다시 연습합니다.

1 이 동네에 사시나요?

2 이 동네 살아요.

3 이 동네/근처에 온 김에 인사드리고 싶었어요.

그동안 배운 표현을 다시 한번 크게 5번 따라 읽어 본 후, 혼자서 크게 5번 읽어 봅시다.

**01 How's it going?** (안부를 물어보며) 잘 지내시죠?

따라 읽기 ① ② ③ ④ ⑤ / 혼자서 읽기 ① ② ③ ④ ⑤

**02 Same old, same old.** 늘 똑같죠 뭐.

따라 읽기 ① ② ③ ④ ⑤ / 혼자서 읽기 ① ② ③ ④ ⑤

**03 How have you been?** (오랜만에 만난 지인에게) 그동안 잘 지내셨어요?

따라 읽기 ① ② ③ ④ ⑤ / 혼자서 읽기 ① ② ③ ④ ⑤

**04 I've been busy with school.** 학교 다니느라 바빴어요.

따라 읽기 ① ② ③ ④ ⑤ / 혼자서 읽기 ① ② ③ ④ ⑤

**05 What brings you here?** 여긴 어쩐 일이세요?

따라 읽기 ① ② ③ ④ ⑤ / 혼자서 읽기 ① ② ③ ④ ⑤

**06 May I ask your name?** 성함을 여쭤봐도 될까요?

따라 읽기 ① ② ③ ④ ⑤ / 혼자서 읽기 ① ② ③ ④ ⑤

**07 Do you like Korean food?** 한국 음식 좋아하세요?

따라 읽기 ① ② ③ ④ ⑤ / 혼자서 읽기 ① ② ③ ④ ⑤

**08 Are you a coffee person or a tea person?**
커피와 차 중 어떤 걸 선호하시나요?

따라 읽기 ① ② ③ ④ ⑤ / 혼자서 읽기 ① ② ③ ④ ⑤

**09 Are you from around here?**
(현지인에게만 사용 가능) 이 동네 분이신가요?

따라 읽기 ① ② ③ ④ ⑤ / 혼자서 읽기 ① ② ③ ④ ⑤

**10 I live in the neighborhood.** 이 동네 살아요.

따라 읽기 ① ② ③ ④ ⑤ / 혼자서 읽기 ① ② ③ ④ ⑤

01 (안부를 물어보며) 잘 지내시죠?

02 늘 똑같죠 뭐.

03 (오랜만에 만난 지인에게) 그동안 잘 지내셨어요?

04 학교 다니느라 바빴어요.

05 여긴 어쩐 일이세요?

06 성함을 여쭤봐도 될까요?

07 한국 음식 좋아하세요?

08 커피와 차 중 어떤 걸 선호하시나요?

09 (현지인에게만 사용 가능) 이 동네 분이신가요?

10 이 동네 살아요.

# Chapter 02

Day
**009**
~
**015**

# 취미 생활에 대해 얘기하기

# What do you do in your spare time?
## 여가 시간에 뭐 하시나요?

여가시간에 주로 뭘 하는지, 즐겨 하는 취미 생활이 따로 있는지 물어볼 때 **What do you do in your spare time?**을 써주세요. spare time 대신 downtime을 써서 근무하지 않을 때, 즉 쉬는 시간에 뭘 하는지 물어볼 땐 **What do you do in your downtime?**이라고 물어봐도 됩니다.

MP3 듣기

# 1 문장 익히기
### 10번 반복해서 큰 소리로 읽어보며 내 것으로 만듭니다.

- **What do you do in your spare time?**
  여가 시간에 뭐 하시나요?

- **What do you do in your downtime?**
  (근무하지 않는) 쉬는 시간에 뭐 하세요?

- **I usually go work out.**
  주로 운동하러 가요.

  [go+동사원형]은 '~하러 가다'라는 이미지로 go와 동사원형 사이에 and를 생략해서 쓸 수 있습니다.

## 2 어색한 침묵을 깨는 스몰톡

학습한 문장을 활용해 실전 대화 연습을 해 봅시다.

A What do you do in your spare time?
여가 시간에 뭐 하시나요?

B I usually go work out. How about you?
주로 운동하러 가요. 당신은요?

A Well, I've been busy lately, so I just relax in my spare time.
음, 요즘 들어 바빠서요. 여가 시간엔 그냥 쉬어요.

A What do you do in your downtime?
(근무하지 않는) 쉬는 시간에 뭐 하세요?

B I usually hang out with my friends.
주로 친구들과 놀아요.

## 1초 안에 영어로 말해보기!

1초 안에 영어로 나오지 않는다면 1번에서 다시 연습합니다.

1 여가 시간에 뭐 하시나요?

2 (근무하지 않는) 쉬는 시간에 뭐 하세요?

3 주로 운동하러 가요.

# What kind of music do you like?
## 어떤 종류의 음악을 좋아하시나요?

어떤 종류의 음악, 음식, 영화 등을 좋아하는지 상대방의 취향을 물어볼 때 What kind of music / food / movie do you like?를 응용할 수 있어요.

MP3 듣기

## **1** 문장 익히기
### 10번 반복해서 큰 소리로 읽어보며 내 것으로 만듭니다.

----------------------------------------------------------------

- ## What kind of music do you like?
  어떤 종류의 음악을 좋아하시나요?

- ## What kind of food do you like?
  어떤 종류의 음식을 좋아하시나요?

- ## I like Italian food.
  전 이태리 음식을 좋아해요.

# 2 어색한 침묵을 깨는 스몰톡

학습한 문장을 활용해 실전 대화 연습을 해 봅시다.

A **What kind of food do you like?**
어떤 종류의 음식을 좋아하시나요?

B **I like all kinds of food. How about you?**
전 모든 종류의 음식을 다 좋아해요. 당신은요?

A **I like Italian food. I feel like I can eat pasta every day.**
전 이태리 음식을 좋아해요. 매일 파스타를 먹을 수 있을 것 같아요.

---

A **What kind of music do you like?**
어떤 종류의 음악을 좋아하시나요?

B **I like jazz. Louis Armstrong is my favorite.**
전 재즈를 좋아해요. Louis Armstrong을 가장 좋아하죠.

A **Classic. His music never gets old.**
(유행을 타지 않을 정도로) 정말 훌륭하죠.
그분의 노래는 절대 질리지 않아요.

# 1초 안에 영어로 말해보기!

1초 안에 영어로 나오지 않는다면 1번에서 다시 연습합니다.

1 **어떤 종류의 음악을 좋아하시나요?**

2 **어떤 종류의 음식을 좋아하시나요?**

3 **전 이태리 음식을 좋아해요.**

# Do you enjoy travelling?
## 여행하는 거 좋아하세요?

국내 여행이든 해외여행이든 여행하는 걸 싫어한다고 하는 사람은 흔치 않기 때문에 여행도 좋은 스몰톡 주제가 될 수 있어요. 여행하는 걸 좋아하는지 물어볼 땐 like 또는, 좋아하는 걸 강조해서 말할 때 쓰는 enjoy를 응용해 Do you enjoy travelling?라고 하면 됩니다. 단순히 마지막 휴가로 어디를 다녀왔는지 붙는 Where did you go on your last vacation?도 자주 쓰여요.

MP3 듣기

# 1 문장 익히기
### 10번 반복해서 큰 소리로 읽어보며 내 것으로 만듭니다.

- ## Do you enjoy travelling?
  여행하는 거 좋아하세요?

- ## I enjoy travelling to different countries.
  전 해외여행을 좋아해요.

- ## Have you done much travelling lately?
  최근에 여행 많이 다녀오셨나요?

A Do you enjoy travelling?
여행하는 거 좋아하세요?

B Yes, I enjoy travelling to different countries.
네, 전 해외여행을 좋아해요.

A Have you done much travelling lately?
최근에 여행 많이 다녀오셨나요?

B Yes, I just came back from Europe.
네, 이번에 유럽에 다녀왔어요.

A Wow! How was it?
우와, 여행은 어떠셨나요?

B It was wonderful, as
always.
늘 그렇지만 정말 좋았어요.

## 1초 안에 영어로 말해보기!
1초 안에 영어로 나오지 않는다면 1번에서 다시 연습합니다.

1 여행하는 거 좋아하세요?

2 전 해외여행을 좋아해요.

3 최근에 여행 많이 다녀오셨나요?

# Do you usually travel alone or with others?
## 주로 혼자 여행하세요, 아니면 다른 분들과 여행하세요?

패키지여행이나 지인들과 같이 하는 여행도 좋지만 혼자 여행하는 걸 선호하는 사람들도 많죠. 주로 혼자 여행하는지 아니면 가족이나 지인과 여행하는지 물어볼 땐 Do you usually travel alone or with others?라고 하면 됩니다. 자녀를 둔 부모에게 자녀와 같이 여행을 하는지 물어볼 땐 Do you usually travel with your kids?라고 하면 돼요.

MP3 듣기

# 1 문장 익히기
### 10번 반복해서 큰 소리로 읽어보며 내 것으로 만듭니다.

- ## Do you usually travel alone or with others?
  주로 혼자 여행하세요, 아니면 다른 분들과 같이 여행하세요?

- ## Do you usually travel with your kids?
  주로 자녀분들과 같이 여행하세요?

- ## I usually travel with my wife.
  전 주로 아내와 같이 여행해요.

# 2 어색한 침묵을 깨는 스몰톡
학습한 문장을 활용해 실전 대화 연습을 해 봅시다.

A  Do you usually travel alone or with others?
주로 혼자 여행하세요? 아니면 다른 분들과 같이 여행하세요?

B  I used to travel alone, but now, I usually travel with my wife most of the time.
예전엔 혼자 여행하곤 했는데 지금은 거의 아내와 같이 여행해요.

---

A  Do you usually travel with your kids?
주로 자녀분들과 같이 여행하세요?

B  Yes, we are planning on going to Australia this summer.
네, 올여름에 같이 호주에 갈 계획이에요.

A  I went to Sydney last year. Where in Australia are you thinking about going?
작년에 시드니에 다녀왔는데. 호주 어디에 갈 생각이세요?

## 1초 안에 영어로 말해보기!
1초 안에 영어로 나오지 않는다면 1번에서 다시 연습합니다.

1  주로 혼자 여행하세요, 아니면 다른 분들과 같이 여행하세요?

2  주로 자녀분들과 같이 여행하세요?

3  전 주로 아내와 같이 여행해요.

# Have you ever tried yoga?
## 요가를 해보신 적 있으신가요?

한 번이라도 특정 활동을 해본 적이 있는지 경험을 물어볼 땐 [Have you ever tried + 대상?] 을 응용해 물어볼 수 있어요. 예를 들어 한 번이라도 요가를 해본 적이 있는지 물어볼 땐 Have you ever tried yoga?라고 할 수 있습니다. '한 번이라도'란 의미의 ever는 강조하기 위해 쓰는데 생략해도 괜찮아요.

MP3 듣기

## 1 문장 익히기
### 10번 반복해서 큰 소리로 읽어보며 내 것으로 만듭니다.

- **Have you ever tried yoga?**
  (한 번이라도) 요가를 해보신 적 있으신가요?

- **Have you tried the new pizza place?**
  새로 생긴 피자집 가보신 적 있으세요?

  우리도 피자집이라고 하는 것처럼 네이티브도 격식 없이 말할 땐 pizza place라고 합니다.

- **No, I've never tried it.**
  아니요. 한 번도 해본 적 없어요.

A **Have you ever tried yoga?**
(한번이라도) 요가를 해보신 적 있으신가요?

B **No, I've never tried it. I don't think I'm that flexible.**
아니요. 한 번도 해본 적 없어요. 전 그리 유연하지 않은 것 같아서요.

A **Really? You should try it sometime. It's really good for you.**
정말이요? 언제 한번 해보세요. 몸에 정말 좋아요.

---

A **Have you tried the new pizza place?**
새로 생긴 피자 집 가보신 적 있으세요?

B **Yes, but it wasn't for me.**
네, 근데 제 취향은 아니더라고요.

뭔가 내 취향이 아니라고 할 때 대놓고 싫다고 하는
I didn't like it. 보다 It wasn't for me.가 더 부드러워요.

## 1초 안에 영어로 말해보기!
1초 안에 영어로 나오지 않는다면 1번에서 다시 연습합니다.

1 (한 번이라도) **요가를 해보신 적 있으신가요?**

2 **새로 생긴 피자집 가보신 적 있으세요?**

3 **아니요. 한 번도 해본 적 없어요.**

# How long have you been doing that?
## 얼마나 오래 해오셨나요?

취미 생활에 대해 이야기할 때 특정 활동을 얼마나 오래 해왔는지 물어볼 수 있는데요. 기간을 물을 때 쓰는 How long을 응용해 **[How long have you been doing + 대상?]** (~를 얼마나 오래 해오셨나요?)라고 하면 됩니다. 물론 맥락상 구체적인 대상을 언급하지 않고 that(그것) 또는 this(이것)을 써도 돼요.

MP3 듣기

# 1 문장 익히기
### 10번 반복해서 큰 소리로 읽어보며 내 것으로 만듭니다.

--------------------------------------------------

- ## How long have you been doing Pilates?
  필라테스는 얼마나 오래 해오셨나요?

- ## I've been doing it for 3 years.
  3년 동안 해왔어요.

- ## I just started it this month.
  이번 달에 막 시작했어요.

A How long have you been doing Pilates?

필라테스는 얼마나 오래 해오셨나요?

B Not that long. I just started it this month.

그리 오래되진 않았어요. 이번 달에 막 시작했거든요.

---

A How long have you been doing that?

그건 얼마나 오래 해오셨나요?

B I've been doing it for 3 years.

3년 동안 해왔어요.

A Wow, you must be good.

우와, 정말 잘 하시겠어요.

B Oh, I still have a lot to learn.

에이, 아직 배울 게 많아요.

## 1초 안에 영어로 말해보기!
1초 안에 영어로 나오지 않는다면 1번에서 다시 연습합니다.

1 필라테스는 얼마나 오래 해오셨나요?

2 3년 동안 해왔어요.

3 이번 달에 막 시작했어요.

**Day 015**

# How did you get into that?
## 그걸 시작하게 된 계기가 있나요?

운동, 악기 연주 등 취미 생활을 시작하게 된 특정 계기가 있는지 물어볼 땐 get into (~을 시작하게 되다)를 응용해 **How did you get into that?** (그걸 시작하게 된 계기가 있나요?)라고 하면 됩니다.

MP3 듣기

# 1 문장 익히기
### 10번 반복해서 큰 소리로 읽어보며 내 것으로 만듭니다.

- **How did you get into that?**
그걸 시작하게 된 계기가 있나요?

- **I just wanted to have a healthier lifestyle.**
그냥 더 건강한 생활 방식을 갖고 싶었어요.

- **My husband got me into golfing.**
제 남편 때문에 골프를 치기 시작했어요.

A How did you get into golfing?

골프를 시작하게 된 계기가 있나요?

B My husband got me into that, but now, I'm more into golfing than he is.

제 남편 때문에 시작했는데 이젠 제가 남편보다 더 골프를 좋아해요.

A How did you get into that?

그걸 시작하게 된 계기가 있나요?

B I just wanted to have a healthier lifestyle.

그냥 더 건강한 생활 방식을 갖고 싶었어요.

## 1초 안에 영어로 말해보기!
1초 안에 영어로 나오지 않는다면 1번에서 다시 연습합니다.

1 그걸 시작하게 된 계기가 있나요?

2 그냥 더 건강한 생활 방식을 갖고 싶었어요.

3 제 남편 때문에 골프를 치기 시작했어요.

## (( Review ))

MP3 듣기

 그동안 배운 표현을 다시 한번 크게 5번 따라 읽어 본 후, 혼자서 크게 5번 읽어 봅시다.

**01 What do you do in your spare time?** 여가 시간에 뭐 하시나요?
따라 읽기 ① ② ③ ④ ⑤ / 혼자서 읽기 ① ② ③ ④ ⑤

**02 What kind of music do you like?** 어떤 종류의 음악을 좋아하시나요?
따라 읽기 ① ② ③ ④ ⑤ / 혼자서 읽기 ① ② ③ ④ ⑤

**03 Do you enjoy travelling?** 여행하는 거 좋아하세요?
따라 읽기 ① ② ③ ④ ⑤ / 혼자서 읽기 ① ② ③ ④ ⑤

**04 Have you done much travelling lately?**
최근에 여행 많이 다녀오셨나요?
따라 읽기 ① ② ③ ④ ⑤ / 혼자서 읽기 ① ② ③ ④ ⑤

**05 Do you usually travel alone or with others?**
주로 혼자 여행하세요, 아니면 다른 분들과 여행하세요?
따라 읽기 ① ② ③ ④ ⑤ / 혼자서 읽기 ① ② ③ ④ ⑤

**06 Have you ever tried yoga?** (한 번이라도) 요가를 해보신 적 있으신가요?
따라 읽기 ① ② ③ ④ ⑤ / 혼자서 읽기 ① ② ③ ④ ⑤

**07 Have you tried the new pizza place?**
새로 생긴 피자집 가보신 적 있으세요?
따라 읽기 ① ② ③ ④ ⑤ / 혼자서 읽기 ① ② ③ ④ ⑤

**08 How long have you been doing Pilates?**
필라테스는 얼마나 오래 해오셨나요?
따라 읽기 ① ② ③ ④ ⑤ / 혼자서 읽기 ① ② ③ ④ ⑤

**09 I've been doing it for 3 years.** 3년 동안 해왔어요.
따라 읽기 ① ② ③ ④ ⑤ / 혼자서 읽기 ① ② ③ ④ ⑤

**10 How did you get into that?** 그걸 시작하게 된 계기가 있나요?
따라 읽기 ① ② ③ ④ ⑤ / 혼자서 읽기 ① ② ③ ④ ⑤

01 여가 시간에 뭐 하시나요?

_____.

02 어떤 종류의 음악을 좋아하시나요?

_____.

03 여행하는 거 좋아하세요?

_____.

04 최근에 여행 많이 다녀오셨나요?

_____.

05 주로 혼자 여행하세요, 아니면 다른 분들과 여행하세요?

_____.

06 (한 번이라도) 요가를 해보신 적 있으시나요?

_____.

07 새로 생긴 피자집 가보신 적 있으세요?

_____.

08 필라테스는 얼마나 오래 해오셨나요?

_____.

09 3년 동안 해왔어요.

_____.

10 그걸 시작하게 된 계기가 있나요?

_____.

# Chapter 03

Day
## 016
~
## 023

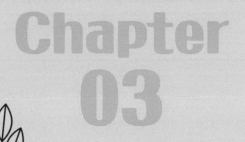

# 가족에 대해
# 얘기하기

# How's your family?
## 가족분들은 어떻게 지내시나요?

Is your family doing okay? (가족분들은 잘 지내시나요?)라고 물으면 답변이 yes 또는 no 로 짧게 끝날 수 있지만 구체적으로 어떻게 지내는지 묻는 How를 이용해서 **How's your family?**라고 물으면 더 긴 답변을 유도할 수 있어요. family 대신 구체적인 사람 이름을 넣어 How's Elizabeth? (Elizabeth는 어떻게 지내요?)라고 물어봐도 됩니다.

MP3 듣기

 **1 문장 익히기**
10번 반복해서 큰 소리로 읽어보며 내 것으로 만듭니다.

- **How's your family?**
  가족분들은 어떻게 지내시나요?

- **They're doing great. They miss you.**
  정말 잘 지내요. 당신을 보고 싶어 해요.

- **My son just graduated from high school.**
  아들이 이번에 고등학교를 졸업했어요.

A How's your family?

가족분들은 어떻게 지내시나요?

B They're doing fine. My son just graduated from high school.

정말 잘 지내요. 아들이 이번에 고등학교를 졸업했어요.

A Already? I remember when he was just a little kid!

벌써요? 아이였을 때 모습이 생생한데!

---

A How's Elizabeth?

Elizabeth는 어떻게 지내요?

B She's doing great. She misses you.

정말 잘 지내요. 당신을 보고 싶어 해요.

A I miss her too. I'll have to give her a call sometime.

저도 보고 싶네요. 언제 전화해야겠어요.

## 1초 안에 영어로 말해보기!
1초 안에 영어로 나오지 않는다면 1번에서 다시 연습합니다.

1 가족분들은 어떻게 지내시나요?

2 정말 잘 지내요. 당신을 보고 싶어 해요.

3 아들이 이번에 고등학교를 졸업했어요.

# Please say hello to your parents for me.
## 부모님께 안부 전해주세요.

특히 서로의 가족을 만난 적이 있을 때 대신 안부를 전해달라고 하죠. 그땐 **Please say hello to your ~.** (~에게 안부 전해주세요)라고 하면 됩니다. 뒤에 for me (나를 위해서)를 생략해도 되지만 네이티브는 부탁 어조로 얘기할 때 종종 넣는 표현이니 격식을 차려 말할 땐 시작은 Please, 끝은 for me를 써 주세요.

MP3 듣기

# 1 문장 익히기
### 10번 반복해서 큰 소리로 읽어보며 내 것으로 만듭니다.

- **Please say hello to your parents for me.**
  (정중히 부탁) 부모님께 안부 전해주세요.

- **Say hello to everyone for me.**
  (부탁) 모두에게 안부 전해주세요.

- **Mike says hello.**
  Mike가 안부 전해달래요.

## 2 어색한 침묵을 깨는 스몰톡

학습한 문장을 활용해 실전 대화 연습을 해 봅시다.

----

A **Please say hello to your parents for me.**

(정중히 부탁) 부모님께 안부 전해주세요.

B **I will.**

그럴게요.

좀 더 격식을 차린 말투로 Please send my regards to~ (~에게 안부 전해주세요)도 자주 씁니다.

----

A **Mike says hello.**

Mike가 안부 전해달래요.

B **I miss Mike and everyone in Memphis! Say hello to everyone for me.**

Mike와 Memphis에 있는 모두가 보고 싶네요.

(부탁) 모두에게 안부 전해주세요.

A **Will do.**

그럴게요.

## 1초 안에 영어로 말해보기!

1초 안에 영어로 나오지 않는다면 1번에서 다시 연습합니다.

----

1 (정중히 부탁) **부모님께 안부 전해주세요.**

2 (부탁) **모두에게 안부 전해주세요.**

3 **Mike가 안부 전해달래요.**

# How did you meet your wife?
## 아내분은 어떻게 만나셨어요?

배우자를 어떻게 만났는지 물어볼 땐 How did you meet your wife/husband? (아내/남편분은 어떻게 만나셨어요?)라고 하면 됩니다. 배우자 외에 친구나 지인을 어떻게 만났는지 물어볼 때도 쓸 수 있어요?

MP3 듣기

# 1 문장 익히기
### 10번 반복해서 큰 소리로 읽어보며 내 것으로 만듭니다.

---

- ## How did you meet your wife?
  아내분은 어떻게 만나셨어요?

- ## We met in college.
  대학에서 만났어요.

- ## We used to work together.
  같이 근무했었어요.

# 2 어색한 침묵을 깨는 스몰톡
학습한 문장을 활용해 실전 대화 연습을 해 봅시다.

---

A **How did you meet your wife?**
아내분은 어떻게 만나셨어요?

B **We met in college. How did you meet your husband?**
저희는 대학에서 만났어요. 남편분은 어떻게 만나셨어요?

A **We used to work together.**
같이 근무했었어요.

---

A **How did you meet Angela?**
Angela는 어떻게 만났어요?

B **I met her at a conference.**
학회에서 만났어요.

## 1초 안에 영어로 말해보기!
1초 안에 영어로 나오지 않는다면 1번에서 다시 연습합니다.

---

1  아내분은 어떻게 만나셨어요?

2  대학에서 만났어요.

3  같이 근무했었어요.

# How long have you been together?
## 얼마나 오래 만나신 건가요?

연애 기간 또는 결혼 기간을 물어볼 때 얼마나 오래 함께 해왔냐는 질문은 **How long have you been together?**라고 합니다. you가 복수로 '너희들'이라는 의미로 쓰였지만 구체적으로 you two (두 분) 또는 조금 더 격식 없이 you guys (너희들)이라고 해도 됩니다. 이 표현을 응용해서 얼마나 오래 같이 일해왔는지 물어볼 땐 How long have you worked together? 를 쓰면 됩니다.

MP3 듣기

# 1 문장 익히기
10번 반복해서 큰 소리로 읽어보며 내 것으로 만듭니다.

- ## How long have you been together?
  얼마나 오래 만나신(함께 하신) 건가요?

- ## We've been together for 10 years.
  함께 한 지 10년 됐어요.

- ## We dated for 2 years, and we've been married for 8 years.
  2년 연애했고 결혼한 지는 8년 되었어요.

---

A How long have you been together?

얼마나 오래 만나신(함께 하신) 건가요?

B We dated for 2 years, and we've been married for 8 years.

2년 연애했고 결혼한 지는 8년 되었어요.

---

A How long have you two been together?

두 분 얼마나 오래 만나신(함께 하신) 건가요?

B We've been together for 10 years. It doesn't feel that long though.

함께 한 지 10년 됐어요. 그런데 그렇게 긴 시간이 흐른 느낌이 안 나네요.

## 1초 안에 영어로 말해보기!
1초 안에 영어로 나오지 않는다면 1번에서 다시 연습합니다.

---

1 얼마나 오래 만나신(함께 하신) 건가요?

2 함께 한 지 10년 됐어요.

3 2년 연애했고 결혼한 지는 8년 되었어요.

# Do you have any siblings?
## 형제 / 자매가 있으신가요?

사실 가족 관계에 대해 얘기할 때 결혼 여부나 부모님에 대한 질문보다 비교적 쉽게 꺼낼 수 있는 주제가 형제/자매에 대한 내용인 것 같아요. 일단 상대에게 형제/자매가 있는지 물을 땐 **Do you have any siblings?**라고 하면 됩니다.

MP3 듣기

# 1 문장 익히기
### 10번 반복해서 큰 소리로 읽어보며 내 것으로 만듭니다.

- ## Do you have any siblings?
  형제/자매가 있으신가요?

- ## I have two older sisters.
  언니/누나가 2명 있어요.

- ## I have a younger brother.
  남동생이 한 명 있어요.

# 2 어색한 침묵을 깨는 스몰톡

학습한 문장을 활용해 실전 대화 연습을 해 봅시다.

---

A Do you have any siblings?
형제/자매가 있으신가요?

B Yes, I have a younger brother. How about you?
네, 남동생이 한 명 있어요. 당신은요?

A I am an only child.
전 외동이에요.

---

A Do you have any siblings?
형제/자매가 있으신가요?

B I have two older sisters.
언니/누나가 2명 있어요.

## 1초 안에 영어로 말해보기!

1초 안에 영어로 나오지 않는다면 1번에서 다시 연습합니다.

---

1 형제/자매가 있으신가요?

2 언니/누나가 2명 있어요.

3 남동생이 한 명 있어요.

# Are you close to your sister?
## 언니 / 여동생과 사이가 좋으신가요?

형제/자매가 있다고 하면 정말 자주 묻는 추가질문이 **Are you close to your sister/ brother?** (언니/여동생 또는 오빠/남동생과 사이가 좋으신가요?)이더라고요. 대부분 사이가 좋다고 답변하고 넘어가긴 하지만, 그래도 추가로 나눌 수 있는 대화거리이니 기억해 주세요.

MP3 듣기

# 1 문장 익히기
### 10번 반복해서 큰 소리로 읽어보며 내 것으로 만듭니다.

- ## Are you close to your sister?
  언니/여동생과 사이가 좋으신가요?

- ## We're very close to each other.
  저희는 정말 친해요.

- ## We're not that close.
  그리 친하지는 않아요.

  친하지 않다고 해서 딱 잘라 We're not close. (우리 안 친해요)라고 말하는 것보다 부사 that (그리, 그다지)를 넣어 We're not that close. (그리 친하지는 않아요)라고 하는 게 더 부드러워요.

## 2 어색한 침묵을 깨는 스몰톡

학습한 문장을 활용해 실전 대화 연습을 해 봅시다.

A Are you close to your sister?
언니/여동생과 사이가 좋으신가요?

B We're very close to each other.
저희는 정말 친해요.

---

A Are you close to your brother?
오빠/남동생과 사이가 좋으신가요?

B Well, we used to, but he's married now, and we don't see each other that often.
음, 예전엔 친했었는데, 이제 결혼도 해서 그리 자주 보지는 못해요.

### 1초 안에 영어로 말해보기!

1초 안에 영어로 나오지 않는다면 1번에서 다시 연습합니다.

1 언니/여동생과 사이가 좋으신가요?

2 저희는 정말 친해요.

3 그리 친하지는 않아요.

# Do you have any kids?
## 자녀가 있으신가요?

특히 부모님들끼리 만나면 자녀에 대해 말할 게 많아지죠. 상대에게 자녀가 있는지 물어볼 땐 **Do you have any kids?** (자녀가 있으신가요?)라고 하면 됩니다. 자녀가 있는지 물어볼 땐 어린이를 의미하는 child보다 폭넓은 kid를 쓰는 게 더 자연스러워요.

MP3 듣기

 **1 문장 익히기**
### 10번 반복해서 큰 소리로 읽어보며 내 것으로 만듭니다.

- ## Do you have any kids?
  자녀가 있으신가요?

- ## I have a 7-year-old son.
  7살짜리 아들이 있어요.

- ## I have two daughters.
  딸이 두 명 있어요.

## 2 어색한 침묵을 깨는 스몰톡

학습한 문장을 활용해 실전 대화 연습을 해 봅시다.

A Do you have any kids?
자녀가 있으신가요?

B Yes, I have a 7-year-old son.
네, 7살짜리 아들이 있어요.

---

A Do you have any kids?
자녀가 있으신가요?

B Yes, I have a son. How about you?
네, 아들이 하나 있어요. 당신은요?

A I have two daughters. My oldest is going to college this year. How old is your son?
딸이 두 명 있어요. 큰 애는 올해 대학에 입학해요. 아드님은 몇 살이에요?

B He's 32.
32살입니다.

## 1초 안에 영어로 말해보기!

1초 안에 영어로 나오지 않는다면 1번에서 다시 연습합니다.

1 자녀가 있으신가요?

2 7살짜리 아들이 있어요.

3 딸이 두 명 있어요.

# Do you have any pets?
## 반려동물이 있으신가요?

반려동물이 있는지 물을 땐 **Do you have any pets?** (반려동물이 있으신가요?)라고 하면 됩니다. 이때 중요한 건 '기르다'의 의미인 raise 대신 have를 쓰는 건데요. 반려동물에게 raise 를 쓰면 사육하는 느낌을 줄 수 있기 때문에 have를 써야 더 자연스러워요. 당연히 내게 반려 견이 있다고 말할 때도 I have a dog.라고 해야겠죠.

MP3 듣기

# 1 문장 익히기
### 10번 반복해서 큰 소리로 읽어보며 내 것으로 만듭니다.

- **Do you have any pets?**
  반려동물이 있으신가요?

- **I have a dog.**
  반려견이 한 마리 있어요.

- **I used to have a cat.**
  예전에 고양이가 한 마리 있었어요.

## 2 어색한 침묵을 깨는 스몰톡
학습한 문장을 활용해 실전 대화 연습을 해 봅시다.

A Do you have any pets? 반려동물이 있으신가요?

B Yes, I have a dog. Let me show you his pictures.
네, 반려견이 한 마리 있어요. 사진 보여 드릴게요.

A I've been thinking about adopting a dog. Do you have any pets?
반려견을 입양할까 생각 중이에요. 반려동물이 있으신가요?

B I have a cat. She's lovely.
고양이가 한 마리 있어요. 정말 사랑스러워요.

A Aw, I used to have a cat when I was young. I love cats.
아, 어렸을 때 고양이가 한 마리 있었어요.
저 고양이 정말 좋아해요.

고양이를 좋아한다고 할 때 항상 cats라고 복수로 써야 돼요. I like chicken. 이라고 하면 닭고기를 좋아한다는 의미인 것처럼 I like cat. 이라고 하면…. 왜 안 되는지 아시겠죠?

## 1초 안에 영어로 말해보기!
1초 안에 영어로 나오지 않는다면 1번에서 다시 연습합니다.

1 반려동물이 있으신가요?

2 반려견이 한 마리 있어요.

3 예전에 고양이가 한 마리 있었어요.

## (( Review ))

MP3 듣기

 그동안 배운 표현을 다시 한번 크게 5번 따라 읽어 본 후, 혼자서 크게 5번 읽어 봅시다.

**01 How's your family?** 가족분들은 어떻게 지내시나요?

따라 읽기 ① ② ③ ④ ⑤ / 혼자서 읽기 ① ② ③ ④ ⑤

**02 Please say hello to your parents for me.**
(정중히 부탁) 부모님에게 안부 전해주세요.

따라 읽기 ① ② ③ ④ ⑤ / 혼자서 읽기 ① ② ③ ④ ⑤

**03 How did you meet your wife?** 아내분은 어떻게 만나셨어요?

따라 읽기 ① ② ③ ④ ⑤ / 혼자서 읽기 ① ② ③ ④ ⑤

**04 We used to work together.** 같이 근무했었어요.

따라 읽기 ① ② ③ ④ ⑤ / 혼자서 읽기 ① ② ③ ④ ⑤

**05 How long have you been together?**
얼마나 오래 만나신(함께 하신) 건가요?

따라 읽기 ① ② ③ ④ ⑤ / 혼자서 읽기 ① ② ③ ④ ⑤

**06 Do you have any siblings?** 형제/자매가 있으신가요?

따라 읽기 ① ② ③ ④ ⑤ / 혼자서 읽기 ① ② ③ ④ ⑤

**07 Are you close to your sister?** 언니/여동생과 사이가 좋으신가요?

따라 읽기 ① ② ③ ④ ⑤ / 혼자서 읽기 ① ② ③ ④ ⑤

**08 Do you have any kids?** 자녀가 있으신가요?

따라 읽기 ① ② ③ ④ ⑤ / 혼자서 읽기 ① ② ③ ④ ⑤

**09 I have a 7-year-old son.** 7살짜리 아들이 있어요.

따라 읽기 ① ② ③ ④ ⑤ / 혼자서 읽기 ① ② ③ ④ ⑤

**10 Do you have any pets?** 반려동물이 있으신가요?

따라 읽기 ① ② ③ ④ ⑤ / 혼자서 읽기 ① ② ③ ④ ⑤

01 가족분들은 어떻게 지내시나요?

_____ .

02 (정중히 부탁) 부모님에게 안부 전해주세요.

_____ .

03 아내분은 어떻게 만나셨어요?

_____ .

04 같이 근무했었어요.

_____ .

05 얼마나 오래 만나신(함께 하신) 건가요?

_____ .

06 형제/자매가 있으신가요?

_____ .

07 언니/여동생과 사이가 좋으신가요?

_____ .

08 자녀가 있으신가요?

_____ .

09 7살짜리 아들이 있어요.

_____ .

10 반려동물이 있으신가요?

_____ .

# Chapter 04

Day

## 024

~

## 038

회사 생활에 대해
얘기하기

# Do you work nearby?
## 근처에서 근무하시나요?

구체적으로 어디에서 근무하는지 묻는 Where do you work?는 회사 및 근무 지역을 묻는 것이기 때문에 자칫 무례하게 들릴 수 있어요. 정말 친한 사이거나 격식 없는 상황이 아닌 이상 근처에서 근무하는지를 묻는 **Do you work nearby?**를 써 주세요.

MP3 듣기

# 1 문장 익히기
### 10번 반복해서 큰 소리로 읽어보며 내 것으로 만듭니다.

- ## Do you work nearby?
  근처에서 근무하시나요?

- ## Yes, I work just around the corner.
  네, 바로 근처에서 근무해요.

- ## No, my office is about an hour away from here.
  아뇨, 제 사무실은 여기서 한 시간 정도 거리에 있어요.

A Do you work nearby?
근처에서 근무하시나요?

B Yes, I work just around the corner. How about you?
네, 바로 근처에서 근무해요. 당신은요?

A Well, my office is about an hour away from here.
음, 제 사무실은 여기서 한 시간 정도 거리에 있어요.

---

A I work nearby, so I just wanted to stop by and say hello.
근처에서 근무해서 그냥 잠깐 들러 인사드리고 싶었어요.

B Aw, it's nice to see you!
아, 이렇게 보니 반갑네요.

**1초 안에 영어로 말해보기!**
1초 안에 영어로 나오지 않는다면 1번에서 다시 연습합니다.

1 근처에서 근무하시나요?

2 네, 바로 근처에서 근무해요.

3 아뇨, 제 사무실은 여기서 한 시간 정도 거리에 있어요.

# What do you do for a living?
## 하시는 일이 어떻게 되세요?

상대의 직업을 물어볼 때 What's your job? (직업이 뭐예요?)보다 **What do you do for a living?** (하시는 일이 어떻게 되세요?)가 더 자연스러워요. for a living (생계수단으로)를 빼고 What do you do?만 써도 괜찮아요. 그리고 답변할 때 구체적인 직업을 얘기해도 되지만 **[I'm in + 종사하고 있는 분야.]** (~분야에 종사해요.)라고 해도 됩니다.

MP3 듣기

# 1 문장 익히기
### 10번 반복해서 큰 소리로 읽어보며 내 것으로 만듭니다.

---

- ## What do you do for a living?
  하시는 일이 어떻게 되세요?

- ## What does your wife do?
  아내분은 하시는 일이 어떻게 되세요?

- ## I'm in advertising.
  저는 광고 분야에 종사해요.

A **What do you do for a living?**
하시는 일이 어떻게 되세요?

B **I'm in advertising.**
저는 광고 분야에 종사해요.

A **What do you do for a living?**
하시는 일이 어떻게 되세요?

B **I used to be a teacher, but I'm in between jobs at the moment.**
예전엔 선생님이었는데 지금은 잠시 일을 쉬며 구직 중이에요.

A **What does your wife do?**
아내분은 하시는 일이 어떻게 되세요?

B **She's an engineer.**
엔지니어입니다.

## 1초 안에 영어로 말해보기!
1초 안에 영어로 나오지 않는다면 1번에서 다시 연습합니다.

1 하시는 일이 어떻게 되세요?

2 아내분은 하시는 일이 어떻게 되세요?

3 저는 광고 분야에 종사해요.

# How long have you been working here?
## 여기에서 얼마나 근무하셨어요?

현재 회사에서 얼마나 근무했는지 물어볼 땐 **[How long have you been working for + 회사 이름?]**을 쓰면 됩니다. 같은 회사에서 일하는 동료에게 여기에서 얼마나 근무했는지 물어볼 땐 회사 이름을 언급하지 않고 **How long have you been working here?** (여기에서는 얼마나 근무하셨어요?)라고 하면 돼요.

MP3 듣기

## 1 문장 익히기
### 10번 반복해서 큰 소리로 읽어보며 내 것으로 만듭니다.

---

- **How long have you been working for Pagoda?**

  Pagoda에서 얼마나 근무하셨어요?

- **How long have you been working here?**

  여기에서는 얼마나 근무하셨어요?

- **I've been working here for about 7 years.**

  저는 여기에서 7년 정도 근무했어요.

A How long have you been working for Pagoda?

Pagoda에서 얼마나 근무하셨어요?

B For about 7 years.

대략 7년 정도요.

---

A How long have you been working here?

여기에서는 얼마나 근무하셨어요?

B I've been working here for about 7 years. How about you?

저는 여기에서 7년 정도 근무했어요. 당신은요?

A It'll be a year in December.

12월이면 1년이 되네요.

## 1초 안에 영어로 말해보기!
1초 안에 영어로 나오지 않는다면 1번에서 다시 연습합니다.

1 Pagoda에서 얼마나 근무하셨어요?

2 여기에서는 얼마나 근무하셨어요?

3 저는 여기에서 7년 정도 근무했어요.

# Do you like it there?
## 거긴 마음에 드시나요?

회사에 대한 얘기를 할 때 회사는 마음에 드는지 물어보죠. 그땐 **Do you like it there?** (거긴 마음에 드시나요?)라고 하면 돼요. 특히 최근에 취업, 이직했거나 새로운 동네로 이사한 사람에게 쓸 수 있는 표현입니다. 일반 동사로 물어볼 때보다 조금 더 긴 답변을 유도하는 **How do you like it there?** (어떻게, 거긴 마음에 드시나요?)를 써도 됩니다.

MP3 듣기

# 1 문장 익히기
### 10번 반복해서 큰 소리로 읽어보며 내 것으로 만듭니다.

--------------------------------------------------------

- ## Do you like it there?
  거긴 마음에 드시나요?

- ## I like it a lot, and people are so nice.
  정말 마음에 들어요. 사람들도 정말 친절하고요.

- ## Well, it's not bad.
  음, 나쁘진 않아요.

A **I heard you got a job in Memphis. Do you like it there?**
멤피스에서 취업했다고 들었어요. 거긴 마음에 드세요?

B **Yeah, I like it a lot, and people are so nice.**
네, 정말 마음에 들어요. 사람들도 정말 친절하고요.

---

A **I heard you got a new job. Do you like it there?**
이직했다고 들었어요. 거긴 마음에 드세요?

B **Well, it's not bad.**
음, 나쁘진 않아요.

## 1초 안에 영어로 말해보기!
1초 안에 영어로 나오지 않는다면 1번에서 다시 연습합니다.

1 거긴 마음에 드시나요?

2 정말 마음에 들어요. 사람들도 정말 친절하고요.

3 음, 나쁘진 않아요.

**Day 028**

# How's work?
## 일은 어때요?

회사 생활이 어떤지 안부 차 물어볼 땐 **How's work?** (일은 어때요?)라고 하면 돼요. 간단해 보이지만 직장인에게 가장 많이 물어보는 스몰톡 질문 중 하나입니다. 같은 뉘앙스로 **How's work going?** (일은 어떻게 되어 가요?)를 써도 괜찮아요.

MP3 듣기

## 1 문장 익히기
### 10번 반복해서 큰 소리로 읽어보며 내 것으로 만듭니다.

---

- **How's work?**
  일은 어때요?

- **Same old, same old.**
  늘 똑같죠 뭐.

- **Work's good.**
  일은 잘 되어 가요.

# 2 어색한 침묵을 깨는 스몰톡
학습한 문장을 활용해 실전 대화 연습을 해 봅시다.

A **How's work?**
일은 어때요?

B **Work's good. How about you?**
일은 잘 돼가요. 당신은요?

A **Same old, same old.**
늘 똑같죠 뭐.

---

A **How's work going?**
일은 어떻게 돼가요?

B **Work's going great. We're about to open another branch in Chicago.**
일은 정말 잘 되어 가요. Chicago에 지점을 하나 더 오픈할 참이에요.

# 1초 안에 영어로 말해보기!
1초 안에 영어로 나오지 않는다면 1번에서 다시 연습합니다.

1 일은 어때요?

2 늘 똑같죠 뭐.

3 일은 잘 되어 가요.

# How's your project going?
## 프로젝트는 어떻게 진행되어 가나요?

뭔가의 진행 현황을 물어볼 땐 **How's 대상 going?** (~는 어떻게/잘 진행되어 가나요?)를 쓸 수 있는데요. 프로젝트는 어떻게 진행되어 가는지 안부나 확인차 물어볼 땐 **How's your project going?**이라고 하고요. 이 외에도 your plan(계획), your class(수업), business(사업), day(하루) 등 다양하게 응용할 수 있습니다.

MP3 듣기

# 1 문장 익히기
### 10번 반복해서 큰 소리로 읽어보며 내 것으로 만듭니다.

- ## How's your project going?
  프로젝트는 잘 진행되어 가나요?

- ## How's your business going?
  사업은 잘 진행되어 가나요?

- ## How's your day going?
  오늘 하루는 잘 보내고 계세요?

# 2 어색한 침묵을 깨는 스몰톡

학습한 문장을 활용해 실전 대화 연습을 해 봅시다.

A How's your project going?
프로젝트는 어떻게 진행되어 가나요?

B It's going pretty well.
그럭저럭 잘 진행되고 있어요.

---

A How's your business going?
사업은 어떻게 진행되어 가나요?

B To be honest, it's not going well.
솔직히 말해서, 잘 진행되지 않고 있어요.

A Aw, I'm sorry to hear that.
아, 그렇다니 유감인걸요.

## 1초 안에 영어로 말해보기!

1초 안에 영어로 나오지 않는다면 1번에서 다시 연습합니다.

1  프로젝트는 어떻게 진행되어 가나요?

2  사업은 잘 진행되어 가나요?

3  오늘 하루는 잘 보내고 계세요?

# How long is your commute to work?
## 출퇴근하는 데 얼마나 걸리나요?

commute은 동사일 땐 '통근하다,' 명사일 땐 '통근 거리'라는 의미인데요. 출퇴근하는 데 얼마나 걸리는지 물어볼 땐 How long is your commute to work?라고 하면 됩니다. 연관 표현으로 어떻게 출퇴근하는지 물을 땐 How do you commute to work?라고 하면 돼요.

MP3 듣기

# 1 문장 익히기
### 10번 반복해서 큰 소리로 읽어보며 내 것으로 만듭니다.

- ## How long is your commute to work?
  출퇴근하는 데 얼마나 걸리나요?

- ## How do you commute to work?
  어떻게 출퇴근하세요?

- ## How is your commute?
  출퇴근하는 건 어때요?

## 2 어색한 침묵을 깨는 스몰톡
학습한 문장을 활용해 실전 대화 연습을 해 봅시다.

A How long is your commute to work?
출퇴근하는 데 얼마나 걸리나요?

B It takes about an hour. Well, how's your commute?
한 시간 정도 걸려요. 저, 출퇴근하는 건 어때요?

A Actually, I walk to work, and it only takes about 5 minutes.
실은 전 걸어서 출근하는 데 5분 정도 밖에 안 걸려요.

B Wow, I'm so jealous!
우와, 정말 부러워요!

A How do you commute to work?
어떻게 출퇴근하세요?

B I take a subway.
지하철 타고 와요.

### 1초 안에 영어로 말해보기!
1초 안에 영어로 나오지 않는다면 1번에서 다시 연습합니다.

1 출퇴근하는 데 얼마나 걸리나요?

2 어떻게 출퇴근하세요?

3 출퇴근하는 건 어때요?

# I heard that Mia is getting married in June!
## Mia가 6월에 결혼한다고 들었어요!

어떤 소식을 들었다고 하며 말을 꺼낼 땐 [I heard that~.] (~라고 들었어요.)로 시작하면 돼요. 이 표현을 응용해서 상대에게 어떤 소식을 들었냐고 물어볼 땐 [Did you hear that ~?] (~라는 걸 들었어요?)라고 물으면 됩니다.

MP3 듣기

# 1 문장 익히기
10번 반복해서 큰 소리로 읽어보며 내 것으로 만듭니다.

-------------------------------------------

- ## I heard that Mia is getting married in June!
  Mia가 6월에 결혼한다고 들었어요!

- ## Did you hear that Mia is getting promoted?
  Mia가 승진한다는 소식 들었어요?

- ## I'm so happy for her.
  정말 잘 됐어요.

# 2 어색한 침묵을 깨는 스몰톡

학습한 문장을 활용해 실전 대화 연습을 해 봅시다.

-------------------------------------------

A **Did you hear that Mia is getting promoted?**
Mia가 승진한다는 소식 들었어요?

B **Yes, she deserves it. I'm so happy for her.**
네, 그럴만해요. 정말 잘 됐어요.

평소 열심히 일한 동료가 승진했을 때 She deserves it. 도 자주 쓰이지만 강조해서 No one deserves it more. (당연히 그럴만하죠.)라고 강조할 수도 있어요.

-------------------------------------------

A **I heard that Mia is getting married in June!**
Mia가 6월에 결혼한다고 들었어요!

B **I know. I'm very happy for her.**
그러게요. 정말 잘 됐어요.

# 1초 안에 영어로 말해보기!

1초 안에 영어로 나오지 않는다면 1번에서 다시 연습합니다.

-------------------------------------------

1 **Mia가 6월에 결혼한다고 들었어요!**

2 **Mia가 승진한다는 소식 들었어요?**

3 **정말 잘 됐어요.**

# What do you think of the new manager?
## 새로 오신 매니저에 대해 어떻게 생각해요?

특정 사람, 정책, 아이디어에 대해 어떻게 생각하는지 물을 땐 **[What do you think of 대상?]** (~에 대해 어떻게 생각해요?)을 쓰면 돼요. think about 보다 think of가 단편적이고 일시적으로 떠오르는 생각을 묻는 느낌이기 때문에 좀 더 가볍게 물어볼 때 쓸 수 있어요.

MP3 듣기

## 1 문장 익히기
10번 반복해서 큰 소리로 읽어보며 내 것으로 만듭니다.

- **What do you think of the new manager?**
  새로 오신 매니저에 대해 어떻게 생각해요?

- **What do you think of Leland?**
  Leland에 대해 어떻게 생각해요?

- **I think he's wonderful.**
  정말 괜찮은 분이신 것 같아요.

# 2 어색한 침묵을 깨는 스몰톡
학습한 문장을 활용해 실전 대화 연습을 해 봅시다.

A **What do you think of the new manager?**
새로 오신 매니저에 대해 어떻게 생각해요?

B **I think he's wonderful.**
정말 괜찮은 분이신 것 같아요.

---

A **What do you think of Leland?**
Leland에 대해 어떻게 생각해요?

B **I like him. How about you?**
전 그가 맘에 들어요. 당신은요?

A **I think everyone likes him since he doesn't micromanage.**
제 생각엔 직원들 일에 시시콜콜 간섭하지 않아서 모두가 그를 좋아하는 것 같아요.

물론 험담은 좋지 않지만 그래도 살짝 할 말이 있다면 Off the record, ~ (비공식적으로/우리 끼리 하는 말인데, ~)로 시작해 주세요.

## 1초 안에 영어로 말해보기!
1초 안에 영어로 나오지 않는다면 1번에서 다시 연습합니다.

1 새로 오신 매니저에 대해 어떻게 생각해요?

2 Leland에 대해 어떻게 생각해요?

3 정말 괜찮은 분이신 것 같아요.

# What time do you get off work?
## 몇 시에 퇴근하세요?

'출근하다'는 go to work, '퇴근하다'는 get off work인데요. 퇴근 후 약속을 정하거나 퇴근 후 일정을 묻기 위해 몇 시에 퇴근하는지 물어볼 땐 **What time do you get off work?**라고 하면 됩니다.

MP3 듣기

## **1** 문장 익히기
**10번 반복해서 큰 소리로 읽어보며 내 것으로 만듭니다.**

- ## What time do you get off work?
  몇 시에 퇴근하세요?

- ## I get off work at 6.
  저는 6시에 퇴근해요.

- ## I usually get off work at 6, but I have to work late today.
  주로 6시에 퇴근하는데 오늘은 야근해야 해요.

  overtime은 월급에 영향을 미치는 공식적인 야근일 때만 쓸 수 있어요. 야근 수당 없이 단순히 늦게까지 일하는 건 work late을 씁니다.

# 2 어색한 침묵을 깨는 스몰톡
학습한 문장을 활용해 실전 대화 연습을 해 봅시다.

A What time do you get off work?
몇 시에 퇴근하세요?

B 6-ish. How about you?
6시쯤유. 당신은유?

A I usually get off work at 6, but I have to work late today.
주로 6시에 퇴근하는데 오늘은 야근해야 해요.

네이티브는 '~쯤, ~같은'처럼 애매모호하게 말할 때 접미사 '-ish'를 자주 씁니다. 예를 들어 마흔 때쯤은 40-ish, 거무튀튀한 건 blackish라고 쓸 수 있어요.

## 1초 안에 영어로 말해보기!
1초 안에 영어로 나오지 않는다면 1번에서 다시 연습합니다.

1 몇 시에 퇴근하세요?

2 저는 6시에 퇴근해요.

3 주로 6시에 퇴근하는데 오늘은 야근해야 해요.

# Do you have any plans after work?
## 퇴근 후 약속 있으세요?

지인과의 약속이 있다고 할 땐 have plans를 쓰는데요. 그걸 응용해서 퇴근 후 약속이 있냐고 물어볼 땐 **Do you have any plans after work?**라고 하면 됩니다. 퇴근 후는 after work 이지만 tomorrow(내일), 주말(this weekend) 등 다양하게 응용할 수 있습니다.

MP3 듣기

# 1 문장 익히기
### 10번 반복해서 큰 소리로 읽어보며 내 것으로 만듭니다.

----------------------------------------------

- ## Do you have any plans after work?
  퇴근 후 약속 있으세요?

- ## Do you have any plans tomorrow?
  내일 약속 있으세요?

- ## I don't have any plans yet.
  아직은 약속이 없어요.

참고로 약속이 있다고 할 때 meeting을 쓰면 업무상 미팅, appointment는 공식적인 상담 약속을 의미해요. 그리고 약속이 있다고 할 때 항상 have plans, 이렇게 복수로 써야 하는 걸 유의해 주세요.

## 2 어색한 침묵을 깨는 스몰톡
학습한 문장을 활용해 실전 대화 연습을 해 봅시다.

A Do you have any plans tomorrow?
내일 약속 있으세요?

B No, I don't have any plans yet.
아뇨, 아직은 약속이 없어요.

A Do you have any plans after work?
퇴근 후 약속 있으세요?

B Yes, I'm meeting with my friends after work.
네, 퇴근 후 친구들과 만나기로 했어요.

## 1초 안에 영어로 말해보기!
1초 안에 영어로 나오지 않는다면 1번에서 다시 연습합니다.

1 퇴근 후 약속 있으세요?

2 내일 약속 있으세요?

3 아직은 약속이 없어요.

# What was the highlight of your week?
## 이번 주 가장 특별한 일이 뭐였나요?

제가 미국에서 회사 생활했을 때 상사가 제게 자주 물어본 스몰톡 질문인데요. 이번 주에 일어난 일 중 설레거나 특별히 강조하고 싶은 부분이 있는지 물어볼 땐 **What was the highlight of your week?**이라고 하더라고요. 반대로 이번 주에 일어난 일 중 속상하거나 좋지 않은 일이 있었는지 물어볼 땐 highlight 대신 lowlight을 쓰면 됩니다. 물론 가능하면 좋은 일에 대해 물어보는 게 더 보편적이지만 lowlight도 참고해 주세요.

MP3 듣기

# 1 문장 익히기
**10번 반복해서 큰 소리로 읽어보며 내 것으로 만듭니다.**

- ## What was the highlight of your week?
  이번 주 가장 특별한 일이 뭐였나요?

- ## That was the highlight of my week.
  그게 이번 주 제게 일어난 가장 특별한 일이에요.

- ## That's going to be the highlight of my day.
  그게 오늘 제게 있을 가장 특별한 일일 거예요.

A What was the highlight of your week?
이번 주 가장 특별한 일이 뭐였나요?

B The Pagoda deal finally came through, so that was the highlight of my week.
파고다 계약 건이 드디어 성사됐어요. 그게 이번 주 제게 일어난 가장 특별한 일이에요.

A I know you worked really hard on it. Congratulations!
정말 열심히 하셨잖아요. 축하드려요!

---

A What is the highlight of your day?
오늘 있을 일 중 가장 특별한 일이 뭔가요?

B I have a lunch meeting with Pagoda, so that's going to be the highlight of my day.
오늘 파고다와 점심 미팅이 있어요.
그게 오늘 제게 있을 가장 특별한 일일 거예요.

**1초 안에 영어로 말해보기!**
1초 안에 영어로 나오지 않는다면 1번에서 다시 연습합니다.

1 이번 주 가장 특별한 일이 뭐였나요?

2 그게 이번 주 제게 일어난 가장 특별한 일이에요.

3 그게 오늘 제게 있을 가장 특별한 일일 거예요.

# It's been a long day.
## 정말 힘든 하루였어.

정말 힘들고 지치면 1분도 1시간처럼 느껴지듯 시간이 정말 느리게 가죠. 정말 다사다난 했던 힘든 하루를 보냈을 땐 **It's been a long day.**라고 합니다. 여기서 It's는 It is가 아니라 It has의 줄임말이고요. 이번 한 주가 정말 힘든 한 주였다면 **It's been a long week.**라고 하면 돼요. 참고로 휴일이나 휴가가 끼어 있어 근무하는 날이 적은 한 주라면 **This week's going to be a short week.** (이번 주는 짧은 한 주네.)라고도 자주 씁니다.

MP3 듣기

# 1 문장 익히기
### 10번 반복해서 큰 소리로 읽어보며 내 것으로 만듭니다.

- ## It's been a long day.
  정말 힘든 하루였어.

- ## It's been a long week.
  정말 힘든 한 주였어.

- ## Did you have a long day?
  (상대가 평소와 달리 지쳐 보일 때) 힘든 하루였어?

## 2 어색한 침묵을 깨는 스몰톡

학습한 문장을 활용해 실전 대화 연습을 해 봅시다.

A Did you have a long day?
(상대가 평소와 달리 지쳐 보일 때) 힘든 하루였어?

B Yeah, actually, it's been a long week.
응, 실은 정말 힘든 한 주였어.

---

A It's been a long day. I can't wait to go home and rest.
정말 힘든 하루였어. 빨리 집에 가서 쉬었으면 좋겠다.

B Aw, the day is almost over, so hang in there.
이런, 하루가 거의 다 끝나가니 조금만 더 버텨.

## 1초 안에 영어로 말해보기!

1초 안에 영어로 나오지 않는다면 1번에서 다시 연습합니다.

1 정말 힘든 하루였어.

2 정말 힘든 한 주였어.

3 (상대가 평소와 달리 지쳐 보일 때) **힘든 하루였어?**

# I can't believe it's already December!

## 벌써 12월이라니 믿기지 않네요!

시간이 정말 빨리 흘러간다는 **Time flies.**라는 표현도 스몰톡 중 자주 쓰지만 구체적으로 벌써 특정 시기가 왔다니 믿기지가 않는다는 표현도 자주 써요. 벌써 12월이라니 믿기지 않는다고 할 땐 **I can't believe it's already December!**이라고 하면 되는데요, December 대신 계절이나 크리스마스 같은 특성 시기를 써도 돼요.

MP3 듣기

---

# 1 문장 익히기

### 10번 반복해서 큰 소리로 읽어보며 내 것으로 만듭니다.

- **I can't believe it's already December!**
  벌써 12월이라니 믿기지 않네요!

- **I can't believe it's already summer!**
  벌써 여름이라니 믿기지 않네요!

- **I can't believe it's already Christmas!**
  벌써 크리스마스라니 믿기지 않네요!

## 2 어색한 침묵을 깨는 스몰톡

학습한 문장을 활용해 실전 대화 연습을 해 봅시다.

A I can't believe it's already December!

벌써 12월이라니 믿기지 않네요!

B I know. Time flies.

그러게요. 시간 참 빨리 가요.

---

A I can't believe it's already Christmas!

벌써 크리스마스라니 믿기지 않네요!

B I know. Do you have any plans for Christmas?

그러게요. 크리스마스 때 계획 있으세요?

## 1초 안에 영어로 말해보기!

1초 안에 영어로 나오지 않는다면 1번에서 다시 연습합니다.

1 벌써 12월이라니 믿기지 않네요!

2 벌써 여름이라니 믿기지 않네요!

3 벌써 크리스마스라니 믿기지 않네요!

# I lost track of time.
## 시간 가는 줄 몰랐어요.

뭔가에 푹 빠져 열중하거나 정신없이 바쁠 땐 시간 가는 줄도 모르고 하루를 흘려보낼 때가 있죠. 이 땐 '~을 놓치다'란 lose track of를 응용해 I lost track of time. (시간 가는 줄 몰랐어요.)라고 합니다. 이 외에 단순히 즐거운 시간을 보내서 시간 가는 줄 모르고 놀았을 때도 쓸 수 있어요.

MP3 듣기

# 1 문장 익히기
### 10번 반복해서 큰 소리로 읽어보며 내 것으로 만듭니다.

- ## I lost track of time.
  시간 가는 줄 몰랐어요.

- ## Sorry I am late. I lost track of time.
  늦어서 죄송해요. 시간 가는 줄 몰랐어요.

- ## We had so much fun that we lost track of time.
  너무 즐거운 시간을 보내서 시간 가는 줄도 몰랐네요.

# 2 어색한 침묵을 깨는 스몰톡

학습한 문장을 활용해 실전 대화 연습을 해 봅시다.

A It's already 8. Time to go home.
(시간 가는 줄 모르고 일하는 동료에게) 벌써 8시야. 이제 집에 가야지.

B Thanks for letting me know. I lost track of time.
알려줘서 고마워. 시간 가는 줄 몰랐어.

A Sorry I am late. I lost track of time.
늦어서 죄송해요. 시간 가는 줄 몰랐어요.

B What happened?
어떻게 된 거야?

A We had so much fun that we lost track of time.
너무 즐거운 시간을 보내서 시간 가는 줄도 몰랐네요.

## 1초 안에 영어로 말해보기!

1초 안에 영어로 나오지 않는다면 1번에서 다시 연습합니다.

1 시간 가는 줄 몰랐어요.

2 늦어서 죄송해요. 시간 가는 줄 몰랐어요.

3 너무 즐거운 시간을 보내서 시간 가는 줄도 몰랐네요.

MP3 듣기

 그동안 배운 표현을 다시 한번 크게 5번 따라 읽어 본 후, 혼자서 크게 5번 읽어 봅시다.

01 **Do you work nearby?** 근처에서 근무하시나요?
따라 읽기 ① ② ③ ④ ⑤ / 혼자서 읽기 ① ② ③ ④ ⑤

02 **What do you do for a living?** 하시는 일이 어떻게 되세요?
따라 읽기 ① ② ③ ④ ⑤ / 혼자서 읽기 ① ② ③ ④ ⑤

03 **How long have you been working here?**
여기에서는 얼마나 근무하셨어요?
따라 읽기 ① ② ③ ④ ⑤ / 혼자서 읽기 ① ② ③ ④ ⑤

04 **How's your project going?** 프로젝트는 어떻게 진행되어 가나요?
따라 읽기 ① ② ③ ④ ⑤ / 혼자서 읽기 ① ② ③ ④ ⑤

05 **How long is your commute to work?** 출퇴근하는 데 얼마나 걸리나요?
따라 읽기 ① ② ③ ④ ⑤ / 혼자서 읽기 ① ② ③ ④ ⑤

06 **I heard that Mia is getting married in June!**
Mia가 6월에 결혼한다고 들었어요!
따라 읽기 ① ② ③ ④ ⑤ / 혼자서 읽기 ① ② ③ ④ ⑤

07 **What do you think of the new manager?**
새로 오신 매니저에 대해 어떻게 생각해요?
따라 읽기 ① ② ③ ④ ⑤ / 혼자서 읽기 ① ② ③ ④ ⑤

08 **Do you have any plans after work?** 퇴근 후 약속 있으세요?
따라 읽기 ① ② ③ ④ ⑤ / 혼자서 읽기 ① ② ③ ④ ⑤

09 **I can't believe it's already December!** 벌써 12월이라니 믿기지 않네요!
따라 읽기 ① ② ③ ④ ⑤ / 혼자서 읽기 ① ② ③ ④ ⑤

10 **I lost track of time.** 시간 가는 줄 몰랐어요.
따라 읽기 ① ② ③ ④ ⑤ / 혼자서 읽기 ① ② ③ ④ ⑤

01 근처에서 근무하시나요?

_____ .

02 하시는 일이 어떻게 되세요?

_____ .

03 여기에서는 얼마나 근무하셨어요?

_____ .

04 프로젝트는 어떻게 진행되어 가나요?

_____ .

05 출퇴근하는데 얼마나 걸리나요?

_____ .

06 Mia가 6월에 결혼한다고 들었어요!

_____ .

07 새로 오신 매니저에 대해 어떻게 생각해요?

_____ .

08 퇴근 후 약속 있으세요?

_____ .

09 벌써 12월이라니 믿기지 않네요!

_____ .

10 시간 가는 줄 몰랐어요.

_____ .

# Chapter 05

**Day**
## 039
## ~
## 049

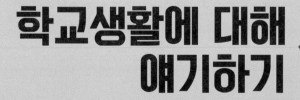

학교생활에 대해
얘기하기

# Day 039

## Where do you go to school?
### 학교는 어디에서 다녀요?

흔히 university는 4년제, college는 2년제라고 생각하고 4년제 대학에 재학 중인 학생에겐 Which university do you go to?를 쓰시더라고요. 근데 사실 4년제 대학인데도 college를 쓰는 학교도 많고, 실제 학교명을 얘기하지 않는 경우에는 college 또는 school을 더 자주 씁니다. 또한 구체적인 대학교 이름을 물어보는 건 실례가 될 수도 있기 때문에 학교명이 아닌 지역을 물어볼 때 쓰는 **Where do you go to school?**을 써 주세요. 이 표현은 대학생이 아닌 초·중·고 학생에게도 쓸 수 있습니다.

MP3 듣기

## 1 문장 익히기
10번 반복해서 큰 소리로 읽어보며 내 것으로 만듭니다.

- **Where do you go to school?**
  학교는 어디에서 다녀요?

- **Where did you go to school?**
  학교는 어디에서 다녔어요?

- **I went to Pagoda University.**
  전 파고다 대학교 나왔어요.

## 2 어색한 침묵을 깨는 스몰톡
학습한 문장을 활용해 실전 대화 연습을 해 봅시다.

A Where do you go to school?
학교는 어디에서 다녀요?

B I go to Pagoda University, but I took a semester off.
전 파고다 대학 다니는데 한 학기 휴학했어요.

---

A Where did you go to school?
학교는 어디에서 다녔어요?

B I went to Pagoda University.
전 파고다 대학교 나왔어요.

A Oh, it's a great school.
아, 정말 좋은 학교죠.

## 1초 안에 영어로 말해보기!
1초 안에 영어로 나오지 않는다면 1번에서 다시 연습합니다.

1 학교는 어디에서 다녀요?

2 학교는 어디에서 다녔어요?

3 전 파고다 대학교 나왔어요.

# What do you study?
## 전공이 뭐예요?

대학생에게 전공이 뭔지 물어볼 때 What is your major?라고 해도 되지만 일상 회화에서는 **What do you study?**도 자주 써요. 대학교를 졸업한 분에게 대학에서 뭘 공부했는지 물어볼 땐 과거형으로 **What did you study in college?**라고 하면 돼요. 뒤에 in college는 상황에 따라 맥락상 생략해도 되지만 대학교를 졸업한 지 오래된 사람에겐 구체적으로 넣어서 물어봐 주세요.

MP3 듣기

# 1 문장 익히기
### 10번 반복해서 큰 소리로 읽어보며 내 것으로 만듭니다.

---

• ## What do you study?
전공이 뭐예요?

• ## What did you study in college?
대학에서 전공이 뭐였어요?

• ## I studied marketing in college.
전 대학에서 마케팅을 전공했어요.

# 2 어색한 침묵을 깨는 스몰톡

학습한 문장을 활용해 실전 대화 연습을 해 봅시다.

A **What do you study?**
전공이 뭐예요?

B **Marketing, but I'm thinking about changing my major.**
마케팅이요. 그런데 전공을 바꿀까 생각 중이에요.

---

A **What did you study in college?**
대학에서 전공이 뭐였어요?

B **I studied marketing. How about you?**
전 마케팅을 전공했어요. 당신은요?

A **I double-majored in accounting and psychology.**
전 회계학과 심리학을 복수전공했어요.

# 1초 안에 영어로 말해보기!

1초 안에 영어로 나오지 않는다면 1번에서 다시 연습합니다.

1 전공이 뭐예요?

2 대학에서 전공이 뭐였어요?

3 전 대학에서 마케팅을 전공했어요.

# What made you choose your major?

## 왜 그 전공을 선택했어요?

대학에서 전공이 뭐였는지 물어본 후 이어서 왜 그 전공을 선택했는지 추가 질문을 할 땐 **What made you choose your major?** (왜 그 전공을 선택했어요?)라고 하면 됩니다. 단순히 수능 성적 때문에 맞춰서 선택한 전공이었다고 하는 것보다 의미 있는 답변을 하는 게 대화를 이어가는 데 더 도움이 되겠죠.

MP3 듣기

## 1 문장 익히기

### 10번 반복해서 큰 소리로 읽어보며 내 것으로 만듭니다.

---

- **What made you choose your major?**
  왜 그 전공을 선택했어요?

- **I've always been interested in biology.**
  (과거부터 지금까지 죽) 전 늘 생물학에 관심이 많았어요.

- **I was pretty good at math.**
  수학을 꽤 잘 했거든요.

## 2 어색한 침묵을 깨는 스몰톡

학습한 문장을 활용해 실전 대화 연습을 해 봅시다.

---

A What made you choose your major?
왜 그 전공을 선택했어요?

B I've always been interested in biology.
(과거부터 지금까지 죽) 전 늘 생물학에 관심이 많았어요?

---

A What did you study in college?
대학에서 뭘 전공했어요?

B I majored in mathematics.
전 수학을 전공했어요.

A What made you choose your major?
왜 그 전공을 선택했어요?

B Well, I was pretty good at math.
음, 수학을 꽤 잘했거든요.

## 1초 안에 영어로 말해보기!

1초 안에 영어로 나오지 않는다면 1번에서 다시 연습합니다.

---

1 왜 그 전공을 선택했어요?

2 (과거부터 지금까지 죽) 전 늘 생물학에 관심이 많았어요.

3 수학을 꽤 잘 했거든요.

# How's school?
## 학교생활은 어때요?

학생에게 현재 학교는 잘 다니고 있는지 안부차 물어볼 땐 **How's school?** (학교생활은 어때요?)라고 하면 돼요. 일반 동사나 be 동사로 질문하면 Yes 또는 No, 이렇게 단답형으로 대답할 수 있지만 How로 물어보면 좀 더 긴 답변을 유도할 수 있으니 참고하세요.

MP3 듣기

# 1 문장 익히기
### 10번 반복해서 큰 소리로 읽어보며 내 것으로 만듭니다.

- ## How's school?
  학교생활은 어때요?

- ## Same old, same old.
  늘 똑같아요.

- ## It's good.
  좋아요.

## **2** 어색한 침묵을 깨는 스몰톡
학습한 문장을 활용해 실전 대화 연습을 해 봅시다.

A How's work?
일은 어때요?

B Great! I had a productive meeting this morning. We're about to launch a new product in June.
잘 돼가요! 오늘 아침에 생산적인 미팅도 있었고, 6월에는 신제품도 출시하려고 해요.

A How's school?
학교생활은 어때?

B It's good. I'm excited about next week, though. We're going on a field trip to the zoo. How's work?
좋아요. 근데 다음 주가 정말 기대돼요. 동물원으로 견학 가거든요. 일은 어떠세요?

A Same old, same old.
늘 똑같지 뭐.

## **1초 안에 영어로 말해보기!**
1초 안에 영어로 나오지 않는다면 1번에서 다시 연습합니다.

1 학교생활은 어때요?

2 늘 똑같아요.

3 좋아요.

# What year are you?
## 몇 학년이에요?

초·중·고 학생에게 지금 몇 학년인지 물어볼 땐 What grade are you in?을 써도 되지만 대학생에게 grade를 쓰면 부자연스럽기 때문에 몇 학년인지 물어볼 땐 **What year are you?** (몇학년이에요?)를 써 주세요. freshman은 중학교 3학년/대학교 1학년, sophomore은 고등학교 1학년/대학교 2학년, junior는 고등학교 2학년/대학교 3학년, senior는 고등학교 3학년/대학교 4학년을 의미합니다.

MP3 듣기

## 1 문장 익히기
### 10번 반복해서 큰 소리로 읽어보며 내 것으로 만듭니다.

- **What year are you?**
  몇 학년이에요?

- **I am a senior in high school.**
  전 고등학교 3학년이에요.

- **I am a senior in college.**
  전 대학교 4학년이에요.

## 2 어색한 침묵을 깨는 스몰톡

학습한 문장을 활용해 실전 대화 연습을 해 봅시다.

A **What year are you?**
몇 학년이니?

B **I am a senior in high school.**
전 고등학교 3학년이에요.

A **My daughter is the same age as you.**
내 딸과 나이가 같은걸.

---

A **What year are you?**
몇 학년이에요?

B **I am a sophomore in college.**
**How about you?**
전 대학교 2학년이에요. 당신은요?

A **I am a senior.**
전 대학교 4학년이에요.

## 1초 안에 영어로 말해보기!

1초 안에 영어로 나오지 않는다면 1번에서 다시 연습합니다.

1 **몇 학년이에요?**

2 **전 고등학교 3학년이에요.**

3 **전 대학교 4학년이에요.**

# When do you graduate?
## 언제 졸업해요?

특히 고등학생 또는 대학생에게 졸업 시기를 물어볼 때가 종종 있는데요. 언제 졸업하는지 물어볼 땐 **When do you graduate?** (언제 졸업해요?)라고 하면 됩니다. 뒤에 from을 넣어서 구체적으로 from high school(고등학교), from college(대학교), 또는 from graduate school(대학원)이라고 해도 돼요.

MP3 듣기

# 1 문장 익히기
### 10번 반복해서 큰 소리로 읽어보며 내 것으로 만듭니다.

- **When do you graduate?**
  언제 졸업해요?

- **I graduate next year.**
  전 내년에 졸업해요.

- **I graduate this May.**
  올해 5월에 졸업해요.

A **When do you graduate?**
언제 졸업해요?

B **I graduate next year.**
전 내년에 졸업해요.

A **When does your son graduate from college?**
아드님이 언제 대학교를 졸업하나요?

B **Probably this May, but he's planning to go to graduate school.**
아마 올해 5월에 졸업하는데 대학원에 갈 계획이에요.

## 1초 안에 영어로 말해보기!
1초 안에 영어로 나오지 않는다면 1번에서 다시 연습합니다.

1 **언제 졸업해요?**

2 **전 내년에 졸업해요.**

3 **올해 5월에 졸업해요.**

# Do you have any plans after graduation?
## 졸업 후 계획이 있으신가요?

특히 대학생에게는 졸업 후 계획에 대해 물어볼 때가 종종 있죠. 그땐 **Do you have any plans after graduation?** (졸업 후 계획이 있으신가요?)라고 하면 됩니다. 지인들끼리 자주 묻는 스몰톡 질문이지만 우리나라처럼 상황에 따라 부담을 줄 수도 있기 때문에 혹시 상대에게 스트레스를 주는 건 아닌지 생각해 보고 물어봐 주세요.

MP3 듣기

## 1 문장 익히기
### 10번 반복해서 큰 소리로 읽어보며 내 것으로 만듭니다.

----------------------------------------------------------

- **Do you have any plans after graduation?**
  졸업 후 계획이 있으신가요?

- **I got a job in marketing.**
  마케팅 분야에 취업했어요.

- **Not yet, but I'm trying to get a job in finance.**
  아직이요. 하지만 금융 분야에 취업하려고 노력 중이에요.

## 2 어색한 침묵을 깨는 스몰톡
학습한 문장을 활용해 실전 대화 연습을 해 봅시다.

A  Do you have any plans after graduation?
졸업 후 계획이 있으신가요?

B  Not yet, but I'm trying to get a job in finance.
아직이요. 하지만 금융 분야에 취업하려고 노력 중이에요.

---

A  Do you have any plans after graduation?
졸업 후 계획이 있으신가요?

B  Actually, I already got a job in marketing.
실은 이미 마케팅 분야에 취업했어요.

A  Good for you!
정말 잘 됐네요!

## 1초 안에 영어로 말해보기!
1초 안에 영어로 나오지 않는다면 1번에서 다시 연습합니다.

1  졸업 후 계획이 있으신가요?

2  마케팅 분야에 취업했어요.

3  아직이요. 하지만 금융 분야에 취업하려고 노력 중이에요.

# Do you live in a dorm?
## 기숙사에서 살아요?

대학생에게 기숙사에서 사는지 아니면 따로 자취하는지도 자주 묻는데요. 기숙사에서 사는지
물어볼 땐 **Do you live in a dorm?**이라고 하면 됩니다. 이 외에 학교 캠퍼스 내에 있는 기숙
사 또는 아파트에 사는지 묻는 **Do you live on campus?** (학교 캠퍼스에서 살아요?) 또는
**Do you live off campus?** (학교 캠퍼스 밖에서 살아요?)도 쓰니 참고해 주세요.

MP3 듣기

# 1 문장 익히기
## 10번 반복해서 큰 소리로 읽어보며 내 것으로 만듭니다.

-------------------------------------------------------------

- ## Do you live in a dorm?
  기숙사에서 살아요?

- ## Do you live on campus?
  학교 캠퍼스에서 살아요?

- ## No, I live off campus.
  아니요. 전 학교 캠퍼스 밖에서 살아요.

## 2 어색한 침묵을 깨는 스몰톡

학습한 문장을 활용해 실전 대화 연습을 해 봅시다.

A Do you still live in a dorm?

아직 기숙사에 살아요?

B No, I live off campus. It's a lot cheaper than living in a dorm.

아니요. 전 학교 캠퍼스 밖에서 살아요. 기숙사에 사는 것보다 훨씬 더 싸요.

---

A Do you live in a dorm?

기숙사에서 살아요?

B Yes, all freshmen are required to live on campus.

네, 대학교 1학년은 모두 학교 캠퍼스에서 살아야 해요.

## 1초 안에 영어로 말해보기!

1초 안에 영어로 나오지 않는다면 1번에서 다시 연습합니다.

1 기숙사에서 살아요?

2 학교 캠퍼스에서 살아요?

3 아니요. 전 학교 캠퍼스 밖에서 살아요.

# What are you doing for summer break?
## 여름 방학에 뭐 할 거예요?

직장인들의 휴가를 vacation이라고 한다면 학교에서 방학은 break라고 하는데요. 방학이 다 가오면 방학 때 여행, 인턴십 등의 특별한 계획이 있는지 물어보죠. 그럴 땐 **What are you doing for summer break?** (여름 방학에 뭐 할 거예요?)라고 하면 돼요. 시기에 따라 break 앞에 계절을 바꿔주면 됩니다.

MP3 듣기

# 1 문장 익히기
**10번 반복해서 큰 소리로 읽어보며 내 것으로 만듭니다.**

----

- ## What are you doing for summer break?
  여름 방학에 뭐 할 거예요?

- ## What are you doing for winter break?
  겨울 방학에 뭐 할 거예요?

- ## I'm thinking about travelling to Europe.
  유럽으로 여행 갈까 생각 중이에요.

- ## I don't know yet.
  아직 잘 모르겠어요.

# 2 어색한 침묵을 깨는 스몰톡

학습한 문장을 활용해 실전 대화 연습을 해 봅시다.

A What are you doing for winter break?

겨울 방학에 뭐 할 거예요?

B I don't know yet. I might get a part-time job.

아직 잘 모르겠어요. 아르바이트를 할지도 몰라요.

---

A What are you doing for summer break?

여름 방학에 뭐 할 거예요?

B I am thinking about travelling to Europe with my parents.

부모님과 유럽으로 여행 갈까 생각 중이에요.

A Wow, that sounds awesome!

우와 좋겠네요!

# 1초 안에 영어로 말해보기!

1초 안에 영어로 나오지 않는다면 1번에서 다시 연습합니다.

1 여름 방학에 뭐 할 거예요?

2 겨울 방학에 뭐 할 거예요?

3 유럽으로 여행 갈까 생각 중이에요.

4 아직 잘 모르겠어요.

# Did you join any clubs?
## 동아리 가입한 거 있어요?

미국에서는 학업 외 봉사활동이나 동아리 같은 과외 활동을 정말 중요하게 생각하기 때문에 학생들에게 종종 과외 활동에 대해 물어보는데요. 가입한 동아리가 있는지 물어볼 땐 **Did you join any clubs?**라고 하면 돼요. 비슷한 표현으로 과외 활동을 하는지 물어볼 땐 **Are you doing any extracurricular activities?** (과외활동 하는 거 있어요?)라고 합니다.

MP3 듣기

## 1 문장 익히기
**10번 반복해서 큰 소리로 읽어보며 내 것으로 만듭니다.**

- **Did you join any clubs?**
  동아리 가입한 거 있어요?

- **Are you doing any extracurricular activities?**
  과외 활동 하는 거 있어요?

- **I am thinking about joining a tennis club.**
  전 테니스 클럽에 가입할까 생각 중이에요.

- **I am in a chess club.**
  저는 체스 클럽 활동 중이에요.

# 2 어색한 침묵을 깨는 스몰톡

학습한 문장을 활용해 실전 대화 연습을 해 봅시다.

---

A  Did you join any clubs?
동아리 가입한 거 있어요?

B  I am thinking about joining a tennis club.
전 테니스 클럽에 가입할까 생각 중이에요.

---

A  Are you doing any extracurricular activities?
과외 활동 하는 거 있어요?

B  I am in a chess club.
저는 체스 클럽 활동 중이에요.

## 1초 안에 영어로 말해보기!

1초 안에 영어로 나오지 않는다면 1번에서 다시 연습합니다.

---

1  동아리 가입한 거 있어요?

2  과외 활동 하는 거 있어요?

3  전 테니스 클럽에 가입할까 생각 중이에요.

4  저는 체스 클럽 활동 중이에요.

# Do you play any sports?
## 운동하는 거 있어요?

미국인들은 종종 **Do you play any sports?** (운동하는 거 있어요?)라고 물어보는데요. 전문적인 운동선수가 아니더라도 지인들과 모여 가끔 농구나 축구를 하는 것도 포함되니 편하게 대답하면 돼요. 우리나라처럼 학생일 땐 친구들과 모여 운동을 할 기회가 더 많지만 성인이 되어서는 그런 기회가 점점 줄어들기 때문에 성인에겐 헬스클럽에서의 운동을 의미하는 **Do you work out?** (운동하시나요?)을 물어볼 수 있어요.

MP3 듣기

# 1 문장 익히기
### 10번 반복해서 큰 소리로 읽어보며 내 것으로 만듭니다.

- ## Do you play any sports?
  운동하는 거 있어요?

- ## Do you work out?
  (헬스클럽에서) 운동하시나요?

- ## I play soccer almost every weekend.
  거의 매주 주말에 축구를 해요.

- ## I used to, but not anymore. I've been busy lately.
  예전엔 했는데 더 이상 안 해요. 요즘 정말 바빠서요.

# 2 어색한 침묵을 깨는 스몰톡

학습한 문장을 활용해 실전 대화 연습을 해 봅시다.

A Do you work out?
(헬스클럽에서) 운동하시나요?

B I used to, but not anymore. I've been busy lately.
예전엔 했는데 더 이상 안 해요. 요즘 정말 바빠서요.

---

A Do you play any sports?
운동하는 거 있어요?

B I play soccer almost every weekend.
거의 매주 주말에 축구를 해요.

## 1초 안에 영어로 말해보기!

1초 안에 영어로 나오지 않는다면 1번에서 다시 연습합니다.

1 운동하는 거 있어요?

2 (헬스클럽에서) 운동하시나요?

3 거의 매주 주말에 축구를 해요.

4 예전엔 했는데 더 이상 안 해요. 요즘 정말 바빠서요.

## (( Review ))

 그동안 배운 표현을 다시 한번 크게 5번 따라 읽어 본 후, 혼자서 크게 5번 읽어 봅시다.

**01 Where do you go to school?** 학교는 어디에서 다녀요?
따라 읽기 ① ② ③ ④ ⑤ / 혼자서 읽기 ① ② ③ ④ ⑤

**02 What do you study?** 전공이 뭐예요?
따라 읽기 ① ② ③ ④ ⑤ / 혼자서 읽기 ① ② ③ ④ ⑤

**03 What made you choose your major?** 왜 그 전공을 선택했어요?
따라 읽기 ① ② ③ ④ ⑤ / 혼자서 읽기 ① ② ③ ④ ⑤

**04 How's school?** 학교생활은 어때요?
따라 읽기 ① ② ③ ④ ⑤ / 혼자서 읽기 ① ② ③ ④ ⑤

**05 What year are you?** 몇 학년이에요?
따라 읽기 ① ② ③ ④ ⑤ / 혼자서 읽기 ① ② ③ ④ ⑤

**06 When do you graduate?** 언제 졸업해요?
따라 읽기 ① ② ③ ④ ⑤ / 혼자서 읽기 ① ② ③ ④ ⑤

**07 Do you have any plans after graduation?**
졸업 후 계획이 있으신가요?
따라 읽기 ① ② ③ ④ ⑤ / 혼자서 읽기 ① ② ③ ④ ⑤

**08 Do you live in a dorm?** 기숙사에서 살아요?
따라 읽기 ① ② ③ ④ ⑤ / 혼자서 읽기 ① ② ③ ④ ⑤

**09 What are you doing for summer break?**
여름 방학에 뭐 할 거예요?
따라 읽기 ① ② ③ ④ ⑤ / 혼자서 읽기 ① ② ③ ④ ⑤

**10 Do you play any sports?** 운동하는 거 있어요?
따라 읽기 ① ② ③ ④ ⑤ / 혼자서 읽기 ① ② ③ ④ ⑤

01 학교는 어디에서 다녀요?

＿＿＿＿＿＿＿＿＿＿＿＿＿＿＿＿＿＿＿＿＿＿＿＿＿ .

02 전공이 뭐예요?

＿＿＿＿＿＿＿＿＿＿＿＿＿＿＿＿＿＿＿＿＿＿＿＿＿ .

03 왜 그 전공을 선택했어요?

＿＿＿＿＿＿＿＿＿＿＿＿＿＿＿＿＿＿＿＿＿＿＿＿＿ .

04 학교생활은 어때요?

＿＿＿＿＿＿＿＿＿＿＿＿＿＿＿＿＿＿＿＿＿＿＿＿＿ .

05 몇 학년이에요?

＿＿＿＿＿＿＿＿＿＿＿＿＿＿＿＿＿＿＿＿＿＿＿＿＿ .

06 언제 졸업해요?

＿＿＿＿＿＿＿＿＿＿＿＿＿＿＿＿＿＿＿＿＿＿＿＿＿ .

07 졸업 후 계획이 있으신가요?

＿＿＿＿＿＿＿＿＿＿＿＿＿＿＿＿＿＿＿＿＿＿＿＿＿ .

08 기숙사에서 살아요?

＿＿＿＿＿＿＿＿＿＿＿＿＿＿＿＿＿＿＿＿＿＿＿＿＿ .

09 여름 방학에 뭐 할 거예요?

＿＿＿＿＿＿＿＿＿＿＿＿＿＿＿＿＿＿＿＿＿＿＿＿＿ .

10 운동하는 거 있어요?

＿＿＿＿＿＿＿＿＿＿＿＿＿＿＿＿＿＿＿＿＿＿＿＿＿ .

**Review**

# Chapter 06

**Day**
# 050
# ~
# 060

# 경험에 대해
# 얘기하기

# Day 050

## Have you been here before?
### 여기 와보신 적 있으세요?

레스토랑이나 카페에서 지인과 만날 때 또는 새로운 장소를 같이 가볼 때 여기 와본 적 있는지 물어보죠. 그땐 **Have you been here before?** (여기 와보신 적 있으세요?)라고 하면 돼요. 어떤 장소를 처음 방문할 때마다 쓸 수 있는 좋은 스몰톡 질문이니 꼭 기억해 주세요.

MP3 듣기

## 1 문장 익히기
### 10번 반복해서 큰 소리로 읽어보며 내 것으로 만듭니다.

- **Have you been here before?**
  여기 와보신 적 있으세요?

- **I've been here a couple of times.**
  한두 번 와봤어요.

- **I've never been here.**
  여긴 한 번도 와본 적 없어요.

- **It's my first time.**
  처음이에요.

# 2 어색한 침묵을 깨는 스몰톡

학습한 문장을 활용해 실전 대화 연습을 해 봅시다.

A Have you been here before?
여기 와보신 적 있으세요?

B I've been here a couple of times. How about you?
한두 번 와봤어요. 당신은요?

A It's my first time.
처음이에요.

---

A Have you been here before?
여기 와보신 적 있으세요?

B No, I've never been here, but I heard they're good.
아뇨, 여긴 한 번도 와본 적 없어요.
그런데 맛있다고 들었어요.

# 1초 안에 영어로 말해보기!

1초 안에 영어로 나오지 않는다면 1번에서 다시 연습합니다.

1 여기 와보신 적 있으세요?

2 한두 번 와봤어요.

3 여긴 한 번도 와본 적 없어요.

4 처음이에요.

# Have you seen any good movies lately?
## 최근에 괜찮은 영화 보신 거 있으세요?

상대에게 영화를 좋아하는지 물어볼 땐 **Do you like movies?** (영화 좋아하세요?)라고 하죠. 좋아하는 장르는 각자 달라도 대부분 영화를 좋아한다고 답변하기 때문에 그에 이어 최근에 괜찮은 영화를 본 게 있는지 물어볼 땐 **Have you seen any good movies lately?**라고 하면 됩니다.

MP3 듣기

# 1 문장 익히기
### 10번 반복해서 큰 소리로 읽어보며 내 것으로 만듭니다.

- ## Do you like movies?
  영화 좋아하세요?

- ## Have you seen any good movies lately?
  최근에 괜찮은 영화 보신 거 있으세요?

- ## No, anything you want to recommend?
  아뇨, 추천하고 싶은 거 있으세요?

- ## I went to see the latest 007 last weekend. It was really good.
  지난 주말에 최근에 나온 007 보러 갔어요. 정말 재미있더라고요.

# 2 어색한 침묵을 깨는 스몰톡
학습한 문장을 활용해 실전 대화 연습을 해 봅시다.

A **Do you like movies?**
영화 좋아하세요?

B **Yes, I love movies!**
네, 저 영화 정말 좋아해요.

A **Have you seen any good movies lately?**
최근에 괜찮은 영화 보신 거 있으세요?

B **No, anything you want to recommend?**
아뇨, 추천하고 싶은 것 있으세요?

A **I went to see the latest 007 last weekend. It was really good.**
지난 주말에 최근에 나온 007 보러 갔어요.
정말 재미있더라고요.

B **Really? I should check it out sometime.**
정말이요? 언제 시간 될 때 한 번 봐야겠네요.

## 1초 안에 영어로 말해보기!
1초 안에 영어로 나오지 않는다면 1번에서 다시 연습합니다.

1 영화 좋아하세요?

2 최근에 괜찮은 영화 보신 거 있으세요?

3 아뇨, 추천하고 싶은 거 있으세요?

4 지난 주말에 최근에 나온 007 보러 갔어요. 정말 재미있더라고요.

# What was your favorite part of the movie?
## 영화에서 어떤 부분이 가장 마음에 드셨나요?

같이 영화, 뮤지컬 등을 본 후 상대에게 특히 더 인상 깊었던 부분이 있는지 물어볼 수 있죠. 예를 들어, 같이 영화를 보고 영화에서 어떤 부분이 가장 마음에 들었는지 물어볼 땐 **What was your favorite part of the movie?**라고 하면 됩니다. 꼭 같이 보지 않더라도 공통적으로 본 경험이 있는 책, 강연 등으로 응용해 쓸 수 있어요.

MP3 듣기

# 1 문장 익히기
### 10번 반복해서 큰 소리로 읽어보며 내 것으로 만듭니다.

- **What was your favorite part of the movie?**
  영화에서 어떤 부분이 가장 마음에 드셨나요?

- **What was your favorite part of the book?**
  그 책에서 어떤 부분이 가장 마음에 드셨나요?

- **I liked the ending. I didn't expect that at all.**
  전 결말이 마음에 들었어요. 그렇게 될 거라고 전혀 예상치 못했거든요.

## 2 어색한 침묵을 깨는 스몰톡
학습한 문장을 활용해 실전 대화 연습을 해 봅시다.

A **What was your favorite part of the movie?**
영화에서 어떤 부분이 가장 마음에 드셨나요?

B **Well, I liked everything.**
음. 전 전부 다 맘에 들었어요.

A **What was your favorite part of the book?**
그 책에서 어떤 부분이 가장 마음에 드셨나요?

B **I liked the ending. I didn't expect that at all.**
전 결말이 마음에 들었어요. 그렇게 될 거라고 전혀 예상치 못했거든요.

### 1초 안에 영어로 말해보기!
1초 안에 영어로 나오지 않는다면 1번에서 다시 연습합니다.

1 영화에서 어떤 부분이 가장 마음에 드셨나요?

2 그 책에서 어떤 부분이 가장 마음에 드셨나요?

3 전 결말이 마음에 들었어요. 그렇게 될 거라고 전혀 예상치 못했거든요.

# Who's in it?
## 그 영화에 누가 출연해요?

영화, 뮤지컬, TV 쇼 등 메인 출연진으로 어떤 배우가 나오는지 물어볼 땐 **Who's in it?** (그 영화에 누가 출연해요?)라고 하면 됩니다. Who's in that movie?처럼 구체적으로 물어봐도 되지만 특정 영화에 대해 대화를 나눌 땐 맥락상 Who's in it?만 써도 돼요.

MP3 듣기

# 1 문장 익히기
### 10번 반복해서 큰 소리로 읽어보며 내 것으로 만듭니다.

- **Who's in it?**
  그 영화(뮤지컬, TV 쇼 등)에 누가 출연해요?

- **Tom Hanks is the main character.**
  Tom Hanks가 주인공이에요.

- **I'm not sure, but I heard it's really good.**
  누가 나오는지 확실치는 않지만 정말 재미있다고 들었어요.

## 2 어색한 침묵을 깨는 스몰톡

학습한 문장을 활용해 실전 대화 연습을 해 봅시다.

A Have you seen *Forrest Gump*?
영화 〈포레스트 검프〉 보신 적 있으세요?

B No, who's in it?
아니요. 그 영화에 누가 출연해요?

A Tom Hanks is the main character.
Tom Hanks가 주인공이에요.

B I am a huge fan of Tom Hanks!
저 Tom Hanks 광팬인데!

A Who's in that musical?
그 뮤지컬에 누가 출연해요?

B I'm not sure, but I heard it's really good.
누가 나오는지 확실치는 않지만 정말 재미있다고 들었어요.

## 1초 안에 영어로 말해보기!

1초 안에 영어로 나오지 않는다면 1번에서 다시 연습합니다.

1 그 영화(뮤지컬, TV 쇼 등)에 누가 출연해요?

2 Tom Hanks가 주인공이에요.

3 누가 나오는지 확실치는 않지만 정말 재미있다고 들었어요.

# Do you know any good restaurants around here?

## 근처에 괜찮은 음식점 아시나요?

근처에 맛집이나 분위기 좋은 음식점이 있는지 물어보는 건 스몰톡 주제뿐만 아니라 여행할 때도 쓸 수 있죠. 맛집을 물어볼 땐 **Do you know any good restaurants around?** (근처에 괜찮은 음식점 아시나요?)라고 하면 됩니다. 음식점 외에 카페나 바 등을 넣어 응용할 수 있어요.

MP3 듣기

## 1 문장 익히기

### 10번 반복해서 큰 소리로 읽어보며 내 것으로 만듭니다.

----------------------------------------

● **Do you know any good restaurants around here?**

근처에 괜찮은 음식점 아시나요?

● **Do you know any good bars around here?**

근처에 괜찮은 바 아시는 곳 있으신가요?

● **There's a great pizza place down the street.**

근처에 정말 맛있는 피자집이 있어요.

down the street은 '근처에'란 의미입니다.

A **Do you know any good bars around here?**
근처에 괜찮은 바 아시는 곳 있으신가요?

B **Let me ask my sister.**
제 여동생에게 물어볼게요.

---

A **Do you know any good restaurants around here?**
근처에 괜찮은 음식점 아시나요?

B **Well, what kind of food do you like?**
음, 어떤 종류의 음식을 좋아하세요?

A **I like Italian.**
전 이태리 음식 좋아해요.

B **There's a great pizza place down the street.**
근처에 정말 맛있는 피자집이 있어요.

## 1초 안에 영어로 말해보기!
1초 안에 영어로 나오지 않는다면 1번에서 다시 연습합니다.

1 근처에 괜찮은 음식점 아시나요?

2 근처에 괜찮은 바 아시는 곳 있으신가요?

3 근처에 정말 맛있는 피자집이 있어요.

# How long does it take from here?
## 여기서 거기까지 얼마나 걸려요?

특정 음식점이나 명소 등이 현재 있는 위치에서 얼마나 걸리는지 물어볼 땐 **How long does it take from here?** (여기서 거기까지 얼마나 걸려요?)라고 하면 돼요. 답변 또한 take (걸리다)를 응용해 [**It takes+시간.**]을 쓰면 됩니다. 예를 들어, 30분 정도 걸릴 때는 **It takes about 30 minutes.**라고 하면 돼요.

MP3 듣기

# 1 문장 익히기
**10번 반복해서 큰 소리로 읽어보며 내 것으로 만듭니다.**

---

- ## How long does it take from here?
  여기서 거기까지 얼마나 걸려요?

- ## It takes about 30 minutes.
  한 30분 정도 걸려요.

- ## It depends on traffic, but it usually takes about an hour.
  교통 상황에 따라 다른데 보통 한 시간 정도 걸려요.

A **Did you go to that pizza place I told you about?**
제가 말씀드린 피자집 가보셨나요?

B **I did. It was really good.**
네, 정말 맛있더라고요.

A **How long did it take to get there from here?**
여기서 거기까지 얼마나 걸렸어요?

B **It took about 30 minutes.**
대략 30분 정도 걸렸어요.

---

A **How long does it take from here?**
여기서 거기까지 얼마나 걸려요?

B **It depends on traffic, but it usually takes about an hour.**
교통 상황에 따라 다른데 보통 한 시간 정도 걸려요.

# 1초 안에 영어로 말해보기!

1초 안에 영어로 나오지 않는다면 1번에서 다시 연습합니다.

1 여기서 거기까지 얼마나 걸려요?

2 대략 30분 정도 걸려요.

3 교통 상황에 따라 다른데 보통 한 시간 정도 걸려요.

# Such a nice view!
## 전망이 정말 좋네요!

지인의 집이나 사무실, 또는 음식점에서 전망이 좋을 땐 Such a nice view! (전망이 정말 좋네요!)라고 칭찬할 수 있어요. 전망 외에 날씨가 좋을 땐 Such a nice day! (날씨 참 좋네요!)라고 응용해 써도 됩니다. nice 대신 강조해서 beautiful(아름다운)을 써도 되니 참고해 주세요.

MP3 듣기

 **1 문장 익히기**
### 10번 반복해서 큰 소리로 읽어보며 내 것으로 만듭니다.

- ## Such a nice view!
  전망이 정말 좋네요!

- ## Such a nice day!
  (날씨가 좋을 때) 날씨 참 좋네요!

- ## Such a beautiful day!
  (강조) 날씨 참 좋네요!

## 2 어색한 침묵을 깨는 스몰톡
학습한 문장을 활용해 실전 대화 연습을 해 봅시다.

---

A  I like your office. Wow, such a nice view!
사무실 좋은걸요. 우와, 전망이 정말 좋네요!

B  Thank you.
고맙습니다.

---

A  Such a beautiful day!
날씨 참 좋네요!

B  I know. It's a perfect day to go for a walk.
그러게요. 산책하기 딱 좋은 날이네요.

## 1초 안에 영어로 말해보기!
1초 안에 영어로 나오지 않는다면 1번에서 다시 연습합니다.

---

1  **전망이 정말 좋네요!**

2  (날씨가 좋을 때) **날씨 참 좋네요!**

3  (강조) **날씨 참 좋네요!**

# How do you like your new place?
## 새 집은 어떻게 마음에 드세요?

최근에 이사했거나 이직한 지인에게 새 집이나 직장이 마음에 드냐고 물어볼 때 Do you ~?로 물어보는 것보다 구체적으로 어떻게 마음에 드는지 **How do you like your new place?** (새 집은 어떻게 마음에 드세요?)라고 하는 게 더 긴 답변을 유도할 수 있어요. 일상회화에서 집을 place라고 할 때가 많으니 참고하세요.

MP3 듣기

# 1 문장 익히기
## 10번 반복해서 큰 소리로 읽어보며 내 것으로 만듭니다.

- **How do you like your new place?**
  새 집은 어떻게 마음에 드세요?

- **How do you like your new job?**
  (이직 또는 승진했을 때) 새 직장은 어떻게 마음에 드세요?

- **I like it way better than the last one.**
  예전보다 훨씬 더 좋아요.

  부사 way는 '훨씬, 아주'란 의미로 강조할 때 자주 써요.

A How do you like your new place?
새 집은 어떻게 마음에 드세요?

B I like it way better than the last one.
예전보다 훨씬 더 좋아요.

---

A Congratulations on your promotion.
승진 축하해요.

B Thank you.
고맙습니다.

A How do you like your new job?
새 일은 어떻게 마음에 드세요?

B Well, I just got promoted, so I'll have to wait and see.
글쎄요, 승진한 지 얼마 안 돼서 조금 기다려봐야 알 것 같아요.

## 1초 안에 영어로 말해보기!
1초 안에 영어로 나오지 않는다면 1번에서 다시 연습합니다.

1 새 집은 어떻게 마음에 드세요?

2 (이직 또는 승진했을 때) 새 직장은 어떻게 마음에 드세요?

3 예전보다 훨씬 더 좋아요.

# Where did you go on your last vacation?

## 지난 휴가는 어디에 다녀오셨어요?

휴가는 늘 설레는 주제인데요. 여행 얘기를 하며 긴 대화를 유도할 수도 있어요. 지난 휴가는 어디에 다녀왔는지 물어볼 땐 Where did you go on your last vacation?이라고 하면 됩니다. 또는 이번 휴가 땐 어디에 갈지 물어볼 땐 Where are you thinking about going for your next vacation?이라고 하면 돼요.

MP3 듣기

# 1 문장 익히기

### 10번 반복해서 큰 소리로 읽어보며 내 것으로 만듭니다.

- **Where did you go on your last vacation?**
  지난 휴가는 어디에 다녀오셨나요?

- **I went to Spain on my last vacation.**
  지난 휴가엔 스페인에 다녀왔어요.

- **Where are you thinking about going for your next vacation?**
  다음 휴가는 어디에 가려고 생각 중이세요?

- **I am thinking about going to Italy on my next vacation.**
  다음 휴가는 이탈리아에 갈까 생각 중이에요.

# 2 어색한 침묵을 깨는 스몰톡

학습한 문장을 활용해 실전 대화 연습을 해 봅시다.

A Where did you go on your last vacation?
지난 휴가는 어디에 다녀오셨나요?

B I went to Spain on my last vacation, and I'm thinking about going back this year.
지난 휴가엔 스페인에 다녀왔는데 올해 다시 갈까 생각 중이에요.

A Where are you thinking about going for your next vacation?
다음 휴가는 어디에 가려고 생각 중이세요?

B My wife and I are thinking about going to Italy on my next vacation.
아내와 다음 휴가는 이탈리아에 갈까 생각 중이에요.

# 1초 안에 영어로 말해보기!

1초 안에 영어로 나오지 않는다면 1번에서 다시 연습합니다.

1 지난 휴가는 어디에 다녀오셨나요?

2 지난 휴가엔 스페인에 다녀왔어요.

3 다음 휴가는 어디에 가려고 생각 중이세요?

4 다음 휴가는 이탈리아에 갈까 생각 중이에요.

# What did you do last weekend?
## 지난 주말에 뭐 하셨어요?

주말 계획은 가장 많이 물어보는 스몰톡 주제 중 하나인데요. 지난 주말에 뭐 했는지 물어볼 땐 **What did you do last weekend?**라고 하면 돼요. 주말 외에 생일, 발렌타인데이 등 특정 일을 넣어 응용할 수 있어요.

MP3 듣기

# 1 문장 익히기
### 10번 반복해서 큰 소리로 읽어보며 내 것으로 만듭니다.

--------------------------------------------

- ## What did you do last weekend?
  지난 주말에 뭐 하셨어요?

- ## What did you do on your birthday?
  생일에 뭐 하셨어요?

- ## I just hung out with my friends.
  그냥 친구들과 놀았어요.

- ## I just relaxed the whole weekend.
  그냥 주말 내내 쉬었어요.

## 2 어색한 침묵을 깨는 스몰톡
학습한 문장을 활용해 실전 대화 연습을 해 봅시다.

A **What did you do last weekend?**
지난 주말에 뭐 하셨어요?

B **I just hung out with my friends. How about you?**
그냥 친구들과 놀았어요. 당신은요?

A **I just relaxed the whole weekend.**
그냥 주말 내내 쉬었어요.

---

A **What did you do on your birthday?**
생일에 뭐 하셨어요?

B **My husband and I went to a nice French restaurant for dinner.**
남편과 괜찮은 프랑스 음식점에 저녁 먹으러 갔어요.

A **Aw, that sounds romantic!**
아, 정말 로맨틱하네요!

## 1초 안에 영어로 말해보기!
1초 안에 영어로 나오지 않는다면 1번에서 다시 연습합니다.

1 지난 주말에 뭐 하셨어요?

2 생일에 뭐 하셨어요?

3 그냥 친구들과 놀았어요.

4 그냥 주말 내내 쉬었어요.

# What are you doing for Christmas?

## 크리스마스 때 뭐 하실 거예요?

생일, 크리스마스 등 특정일에 뭐 할 예정인지 계획을 물어볼 땐 [What are you doing for+특정일?]을 응용할 수 있는데요. 예를 들어 크리스마스 때 뭐 할 건지 물어볼 땐 What are you doing for Christmas?라고 하면 돼요. 예정된 계획을 물어볼 때 다양하게 응용해 쓸 수 있는 표현이니 꼭 외워두세요.

MP3 듣기

## 1 문장 익히기

10번 반복해서 큰 소리로 읽어보며 내 것으로 만듭니다.

- **What are you doing for Christmas?**
  크리스마스 때 뭐 하실 거예요?

- **What are you doing after work?**
  퇴근 후 뭐 하실 거예요?

- **What are you doing this weekend?**
  이번 주말에 뭐 하실 거예요?

- **I am thinking about going to my parents' house.**
  부모님 댁에 갈까 생각 중이에요.

## 2 어색한 침묵을 깨는 스몰톡

학습한 문장을 활용해 실전 대화 연습을 해 봅시다.

A **What are you doing this weekend?**
퇴근 후 뭐 하실 거예요?

B **I am thinking about going to my parents' house.**
부모님 댁에 갈까 생각 중이에요.

A **Do they live close by?**
근처에 사시나요?

B **They live about 30 minutes away.**
한 30분 정도 거리에 사세요.

---

A **What are you doing for Christmas?**
크리스마스 때 뭐 하실 거예요?

B **I'm just going to spend time with my family. That's what Christmas is for.**
그냥 가족과 시간을 보내려고요.
원래 크리스마스 땐 그런 거잖아요.

## 1초 안에 영어로 말해보기!

1초 안에 영어로 나오지 않는다면 1번에서 다시 연습합니다.

1 크리스마스 때 뭐 하실 거예요?

2 퇴근 후 뭐 하실 거예요?

3 이번 주말에 뭐 하실 거예요?

4 부모님 댁에 갈까 생각 중이에요.

## (( Review ))

 그동안 배운 표현을 다시 한번 크게 5번 따라 읽어 본 후, 혼자서 크게 5번 읽어 봅시다.

**01 Have you been here before?** 여기 와보신 적 있으세요?
따라 읽기 ① ② ③ ④ ⑤ / 혼자서 읽기 ① ② ③ ④ ⑤

**02 Have you seen any good movies lately?**
최근에 괜찮은 영화 보신 거 있으세요?
따라 읽기 ① ② ③ ④ ⑤ / 혼자서 읽기 ① ② ③ ④ ⑤

**03 Do you know any good restaurants around here?**
근처에 괜찮은 음식점 아시나요?
따라 읽기 ① ② ③ ④ ⑤ / 혼자서 읽기 ① ② ③ ④ ⑤

**04 How long does it take from here?** 여기서 거기까지 얼마나 걸려요?
따라 읽기 ① ② ③ ④ ⑤ / 혼자서 읽기 ① ② ③ ④ ⑤

**05 It takes about 30 minutes.** 한 30분 정도 걸려요.
따라 읽기 ① ② ③ ④ ⑤ / 혼자서 읽기 ① ② ③ ④ ⑤

**06 It depends on traffic, but it usually takes about an hour.** 교통 상황에 따라 다른데 보통 한 시간 정도 걸려요.
따라 읽기 ① ② ③ ④ ⑤ / 혼자서 읽기 ① ② ③ ④ ⑤

**07 Such a nice view!** 전망이 정말 좋네요!
따라 읽기 ① ② ③ ④ ⑤ / 혼자서 읽기 ① ② ③ ④ ⑤

**08 How do you like your new job?**
(이직 또는 승진했을 때) 새 직장은 어떻게 마음에 드세요?
따라 읽기 ① ② ③ ④ ⑤ / 혼자서 읽기 ① ② ③ ④ ⑤

**09 Where did you go on your last vacation?**
지난 휴가는 어디에 다녀오셨나요?
따라 읽기 ① ② ③ ④ ⑤ / 혼자서 읽기 ① ② ③ ④ ⑤

**10 What did you do last weekend?** 지난 주말에 뭐 하셨어요?
따라 읽기 ① ② ③ ④ ⑤ / 혼자서 읽기 ① ② ③ ④ ⑤

01 여기 와보신 적 있으세요?

_____ .

02 최근에 괜찮은 영화 보신 거 있으세요?

_____ .

03 근처에 괜찮은 음식점 아시나요?

_____ .

04 여기서 거기까지 얼마나 걸려요?

_____ .

05 한 30분 정도 걸려요.

_____ .

06 교통 상황에 따라 다른데 보통 한 시간 정도 걸려요.

_____ .

07 전망이 정말 좋네요!

_____ .

08 (이직 또는 승진했을 때) 새 직장은 어떻게 마음에 드세요?

_____ .

09 지난 휴가는 어디에 다녀오셨나요?

_____ .

10 지난 주말에 뭐 하셨어요?

_____ .

**Review**

# Chapter
# 07

Day
# 061
~
# 066

# 세월에 대해
# 얘기하기

# Time flies.
## 시간 참 빨리 가네요.

시간이 참 빨리 간다는 표현은 어떻게 보면 매일 쓸 수 있는 스몰톡 표현인데요. 예를 들어, 연말에 딱히 할 말이 없을 때 앞에서 배운 **I can't believe it's already December.** (벌써 12월이라니 믿기지 않네요.)에 이어 **Time flies.** (시간 참 빨리 가네요.)라고 하면서 자연스레 빨리 흘러가는 세월에 대해 말을 꺼낼 수 있어요. 당연히 12월 대신 다른 시기를 넣어 일 년 내내 응용 가능합니다.

MP3 듣기

# 1 문장 익히기
## 10번 반복해서 큰 소리로 읽어보며 내 것으로 만듭니다.

------------------------------------------------

- **I can't believe it's already July. Time flies.**

  벌써 7월이라니 믿기지 않네요. 시간 참 빨리 가요.

- **Time flies when you're having fun.**

  원래 놀 때는 시간이 빨리 가요.

- **I know. Time does fly.**

  그러게요. (강조) 시간 정말 빨리 가요.

## 2 어색한 침묵을 깨는 스몰톡
학습한 문장을 활용해 실전 대화 연습을 해 봅시다.

A I can't believe it's already 9.
벌써 9시라니 믿기지 않네요.

B Yeah, time flies when you're having fun.
맞아요. 원래 놀 때는 시간이 빨리 가요.

A Well, I enjoyed hanging out with you. We should do this again sometime.
저기, 같이 시간 보내 즐거웠어요. 언제 또 만나요.

---

A I can't believe it's already July. Time flies.
벌써 7월이라니 믿기지 않네요. 시간 참 빨리 가요.

B I know. Time does fly.
그러게요. (강조) 시간 정말 빨리 가요.

## 1초 안에 영어로 말해보기!
1초 안에 영어로 나오지 않는다면 1번에서 다시 연습합니다.

1 벌써 7월이라니 믿기지 않네요. 시간 참 빨리 가요.

2 원래 놀 때는 시간이 빨리 가요.

3 그러게요. (강조) 시간 정말 빨리 가요.

# The weekend is just around the corner.
## 주말이 코앞으로 다가왔네요.

특정 위치가 모퉁이 돌면 바로 있을 만큼 근처에 있다고 얘기할 때도 쓸 수 있지만 특정 시기가 코앞으로 다가왔다고 강조해 말할 때도 쓸 수 있는 스몰톡 표현인데요. 거의 매주 목요일이나 금요일마다 쓸 수 있는 **The weekend is just around the corner.** (주말이 코앞으로 다가 왔네요.)이니 꼭 외워두세요.

MP3 듣기

# 1 문장 익히기
### 10번 반복해서 큰 소리로 읽어보며 내 것으로 만듭니다.

---

- **The weekend is just around the corner.**
  주말이 코앞으로 다가왔네요.

- **The elevator is just around the corner.**
  엘리베이터가 코너 돌면 바로 있어요.

- **There's a diner just around the corner.**
  근처에 간단하게 먹을 수 있는 식당이 있어요.

- **Valentine's Day is just around the corner.**
  발렌타인데이가 코앞으로 다가왔네요.

## 2 어색한 침묵을 깨는 스몰톡
학습한 문장을 활용해 실전 대화 연습을 해 봅시다.

A **The weekend is just around the corner!**
주말이 코앞으로 다가왔네요!

B **Yeah, what are you doing this weekend?**
그러게요. 이번 주말에 뭐 하세요?

A **Halloween's coming up. I need to go stock up on some candies.**
곧 있으면 핼러윈이니 가서 캔디 좀 사 오려고요.

---

A **Do you want to grab a bite to eat?**
뭐 좀 간단히 드실래요?

B **Sure. There's a diner just around the corner. Let's go there.**
좋아요. 근처에 간단하게 먹을 수 있는
식당이 있어요. 거기에 가요!

꼭 코너 돌면 바로 있는 게 아니라 근처에 있
을 때도 be just around the corner를 쓸 수
있습니다.

## 1초 안에 영어로 말해보기!
1초 안에 영어로 나오지 않는다면 1번에서 다시 연습합니다.

1 주말이 코앞으로 다가왔네요.

2 엘리베이터가 코너 돌면 바로 있어요.

3 근처에 간단하게 먹을 수 있는 식당이 있어요.

4 발렌타인데이가 코앞으로 다가왔네요.

# I miss college.
## 대학 시절이 그리워요.

지인과 행복했던 과거를 회상하는 것도 좋은 스몰톡 주제이죠. 대학 동창과는 **I miss college.** (대학 시절이 그리워요.)라고 할 수 있는데요. '시절'이란 표현을 넣지 않고 college나 high school만 써도 돼요. 동창이 아니라 같은 지역에서 살았거나 근무했던 지인에겐 도시 이름을 넣어 **I miss Atlanta.** (애틀랜타가 그리워요.)라고 응용할 수 있어요.

MP3 듣기

# 1 문장 익히기
### 10번 반복해서 큰 소리로 읽어보며 내 것으로 만듭니다.

---

- ## I miss college.
  대학 시절이 그리워요.

- ## I miss Atlanta.
  Atlanta가 그리워요.

- ## I am going to miss college.
  (졸업 전) 대학 시절이 그리울 거예요.

## 2 어색한 침묵을 깨는 스몰톡

학습한 문장을 활용해 실전 대화 연습을 해 봅시다.

A I miss college.
대학 시절이 그리워.

B Same here. We had so much fun back then.
나도. 그때 우리 정말 재미있었는데.

A I miss Atlanta.
애틀랜타가 그리워요.

B You should come visit us sometime.
언제 놀러 와요.

A I am going to miss college.
(졸업 전) 대학 시절이 그리울 거야.

B Me too.
나도.

## 1초 안에 영어로 말해보기!

1초 안에 영어로 나오지 않는다면 1번에서 다시 연습합니다.

1 대학 시절이 그리워요.

2 애틀랜타가 그리워요.

3 (졸업 전) 대학 시절이 그리울 거예요.

# This reminds me of college.
## 이걸 보니 대학 시절이 생각나네요.

특정 시절이나 사람을 떠올리게 하는 계기가 있을 땐 remind (상기시키다)를 응용할 수 있는데요. 예를 들어 **This reminds me of college.**라고 하면 '이걸 보니 대학시절이 생각나네요'라는 의미가 돼요. college나 high school 같은 특정 시기 외에도 사람 또는 도시 등을 넣어 응용할 수 있어요.

MP3 듣기

## 1 문장 익히기
### 10번 반복해서 큰 소리로 읽어보며 내 것으로 만듭니다.

----------------------------------------------------

- ## This reminds me of college.
  이걸 보니 대학 시절이 생각나네요.

- ## This reminds me of David.
  이걸 보니 David가 생각나네요.

- ## This reminds me of Memphis.
  이걸 보니 Memphis가 생각나네요.

# 2 어색한 침묵을 깨는 스몰톡
학습한 문장을 활용해 실전 대화 연습을 해 봅시다.

A This reminds me of Memphis.
이걸 보니 Memphis가 생각나네요.

B I know. We should go there sometime. I miss good barbeque.
그러게요. 언제 한번 가요. 맛있는 바비큐가 그립네요.

A How about next weekend? I'll drive us down there.
다음 주말은 어때요? 제가 운전할게요.

---

A This picture reminds me of college.
이 사진을 보니 대학 시절이 생각나네요.

B Well, you still look the same.
근데 예전과 변한 거 없이 똑같으세요.

A Aw, you're so sweet.
Thank you.
아, 정말 다정하세요. 고마워요.

## 1초 안에 영어로 말해보기!
1초 안에 영어로 나오지 않는다면 1번에서 다시 연습합니다.

1 이걸 보니 대학 시절이 생각나네요.

2 이걸 보니 David가 생각나네요.

3 이걸 보니 Memphis가 생각나네요.

# Do you still talk to Mia?
## 아직 Mia와 연락하세요?

오래 알고 지낸 지인과 공통적으로 알고 있는 제3자와 아직 연락을 하고 지내는지 물어볼 수 있죠. 예를 들어 아직 Mia와 연락하는지 지인에게 물어볼 땐 **Do you still talk to Mia?**라고 하면 됩니다. 여기서 '연락하다'란 의미로 우리에게 익숙한 contact 보다 아직 Mia와 얘기하며 지내는지를 묻는 뉘앙스인 talk가 더 자연스러우니 참고하세요.

MP3 듣기

# 1 문장 익히기
### 10번 반복해서 큰 소리로 읽어보며 내 것으로 만듭니다.

- ## Do you still talk to Mia?
  아직 Mia와 연락하세요?

- ## No, I haven't talked to her in a while.
  아니요, 그녀와 연락 안 한 지 꽤 됐어요.

- ## Yes, I just talked to her yesterday.
  네, 어제도 그녀와 통화했어요.

# 2 어색한 침묵을 깨는 스몰톡
학습한 문장을 활용해 실전 대화 연습을 해 봅시다.

A **Do you still talk to Mia?**
아직 Mia와 연락하세요?

B **No, I haven't talked to her in a while.**
아니요, 그녀와 연락 안 한 지 꽤 됐어요.

---

A **Do you still talk to Ms. Marian?**
아직 Ms. Marian과 연락하세요?

B **Yes, I just talked to her yesterday. She was wondering about you.**
네, 어제도 그녀와 통화했어요. 당신이 어떻게 지내는지 궁금해하시더라고요.

## 1초 안에 영어로 말해보기!
1초 안에 영어로 나오지 않는다면 1번에서 다시 연습합니다.

1 아직 Mia와 연락하세요?

2 아니요, 그녀와 연락 안 한 지 꽤 됐어요.

3 네, 어제도 그녀와 통화했어요.

**Day 066**

# I studied a lot when I was in high school.
## 고등학생 때 정말 열심히 공부했어요.

고등학생 때 있었던 일을 얘기할 때 많은 분들이 When I was a high school student ~,라고 쓰시는데요. 사실 When I was in high school ~,이 더 자연스러워요. 응용해서 '제가 대학생이었을 때'는 When I was in college ~,라고 하면 됩니다. 과거 특정 시절 외에도 도시나 나이를 넣어 응용해도 괜찮아요.

MP3 듣기

## 1 문장 익히기
10번 반복해서 큰 소리로 읽어보며 내 것으로 만듭니다.

- **I studied a lot when I was in high school.**
  고등학생 때 정말 열심히 공부했어요.

- **I started playing tennis when I was in college.**
  전 대학교 때 테니스를 치기 시작했어요.

- **I met Elaine when I was in New York.**
  뉴욕에 있을 때 Elaine을 만났어요.

- **I used to work out more often when I was in my 20s.**
  제가 20대 땐 더 자주 운동하곤 했어요.

A When did you start playing tennis?

테니스는 언제부터 치기 시작하신 거예요?

B I started playing tennis when I was in college.

전 대학교 때 테니스를 치기 시작했어요.

A I used to work out more often when I was in my 20s.

제가 20대 땐 더 자주 운동하곤 했어요.

B Me too. I had more energy back then.

저도요. 그땐 더 에너지가 넘쳤는데.

## 1초 안에 영어로 말해보기!
1초 안에 영어로 나오지 않는다면 1번에서 다시 연습합니다.

1 고등학생 때 정말 열심히 공부했어요.

2 전 대학교 때 테니스를 치기 시작했어요.

3 뉴욕에 있을 때 Elaine을 만났어요.

4 제가 20대 땐 더 자주 운동하곤 했어요.

그동안 배운 표현을 다시 한번 크게 5번 따라 읽어 본 후, 혼자서 크게 5번 읽어 봅시다.

**01** I can't believe it's already July. Time flies.

벌써 7월이라니 믿기지 않네요. 시간 참 빨리 가요.

따라 읽기 1 2 3 4 5 / 혼자서 읽기 1 2 3 4 5

**02** The weekend is just around the corner.

주말이 코앞으로 다가왔네요

따라 읽기 1 2 3 4 5 / 혼자서 읽기 1 2 3 4 5

**03** I miss college. 대학 시절이 그리워요.

따라 읽기 1 2 3 4 5 / 혼자서 읽기 1 2 3 4 5

**04** This reminds me of college. 이걸 보니 대학 시절이 생각나네요.

따라 읽기 1 2 3 4 5 / 혼자서 읽기 1 2 3 4 5

**05** This reminds me of David. 이걸 보니 David가 생각나네요.

따라 읽기 1 2 3 4 5 / 혼자서 읽기 1 2 3 4 5

**06** Do you still talk to Mia? 아직 Mia와 연락하세요?

따라 읽기 1 2 3 4 5 / 혼자서 읽기 1 2 3 4 5

**07** I haven't talked to her in a while. 그녀와 연락 안 한 지 꽤 됐어요.

따라 읽기 1 2 3 4 5 / 혼자서 읽기 1 2 3 4 5

**08** I just talked to her yesterday. 어제도 그녀와 통화했어요.

따라 읽기 1 2 3 4 5 / 혼자서 읽기 1 2 3 4 5

**09** I studied a lot when I was in high school.

고등학생 때 정말 열심히 공부했어요.

따라 읽기 1 2 3 4 5 / 혼자서 읽기 1 2 3 4 5

**10** I used to work out more often when I was in my 20s.

제가 20대 땐 더 자주 운동하곤 했어요.

따라 읽기 1 2 3 4 5 / 혼자서 읽기 1 2 3 4 5

01 벌써 7월이라니 믿기지 않네요. 시간 참 빨리 가요.

_____ .

02 주말이 코앞으로 다가왔네요.

_____ .

03 대학 시절이 그리워요.

_____ .

04 이걸 보니 대학시절이 생각나네요.

_____ .

05 이걸 보니 David가 생각나네요.

_____ .

06 아직 Mia와 연락하세요?

_____ .

07 그녀와 연락 안 한 지 꽤 됐어요.

_____ .

08 어제도 그녀와 통화했어요.

_____ .

09 고등학생 때 정말 열심히 공부했어요.

_____ .

10 제가 20대 땐 더 자주 운동하곤 했어요.

_____ .

# Chapter
# 08

**Day**
# 067
# ~
# 070

# 날씨에 대해
# 얘기하기

# Spring is in the air.
## 봄기운이 완연하네요.

봄은 뭔가 새로운 게 시작될 것 같고 정말 설레는 계절이죠. 봄에 쓸 수 있는 유용한 스몰톡 표현들을 정리해 볼게요.

MP3 듣기

# 1 문장 익히기
### 10번 반복해서 큰 소리로 읽어보며 내 것으로 만듭니다.

- ## Spring is in the air.
  봄기운이 완연하네요.

- ## Are you going to the blooming festival?
  꽃 축제에 가실 건가요?

- ## Spring is just around the corner.
  봄이 코앞으로 다가왔어요.

- ## It's gorgeous out there.
  밖에 날씨가 정말 좋네요.

# 2 어색한 침묵을 깨는 스몰톡
학습한 문장을 활용해 실전 대화 연습을 해 봅시다.

A Spring is in the air!
봄기운이 완연하네요!

B I know! Are you going to the blooming festival this year?
그러게요! 올해 꽃 축제에 가실 건가요?

A Probably. I went last year and had a great time.
아마도요. 작년에 갔는데 정말 재미있더라고요.

벚꽃은 cherry blossoms인데요. 미국엔 우리나라처럼 벚꽃 축제가 따로 있는 것은 아니고 꽃이 만발했을 때 하는 축제라는 의미의 blooming festival이 더 흔히 쓰여요.

A Spring is just around the corner!
봄이 코앞으로 다가왔어요!

B Yeah, it's gorgeous out there.
네, 밖에 날씨가 정말 좋네요.

## 1초 안에 영어로 말해보기!
1초 안에 영어로 나오지 않는다면 1번에서 다시 연습합니다.

1 봄기운이 완연하네요.

2 꽃 축제에 가실 건가요?

3 봄이 코앞으로 다가왔어요.

4 밖에 날씨가 정말 좋네요.

# It's so hot. I'm melting!
## 정말 덥네요! 녹아내릴 것 같아요.

여름엔 주로 더운 날씨나 휴가에 대해 얘기하는데요. 학생들은 여름 방학인 summer break가 있기 때문에 여름 방학 계획에 대해 얘기할 수도 있고요. 여름에 관한 스몰톡 표현들을 정리해 볼게요.

MP3 듣기

# 1 문장 익히기
## 10번 반복해서 큰 소리로 읽어보며 내 것으로 만듭니다.

- ## It's so hot. I'm melting!
  (온몸이 녹아내릴 정도로 덥다는 걸 강조) 정말 덥네요! 녹아내릴 것 같아요.

- ## Are you doing anything special this summer?
  올여름에 특별한 계획 있으세요?

- ## I can't wait to go to the beach.
  빨리 해변에 갔으면 좋겠네요.

- ## You look tan.
  살이 (보기 좋게) 탄 것 같네요.

  화상을 입을 정도로 탄 건 get burned를 쓰지만 살이 보기 좋게 탄 건 look tan을 써요.

## 2 어색한 침묵을 깨는 스몰톡
학습한 문장을 활용해 실전 대화 연습을 해 봅시다.

A **It's so hot. I'm melting!**
(온몸이 녹아내릴 정도로 덥다는 걸 강조) 정말 덥네요! 녹아내릴 것 같아요.

B **It is. Let me turn up the A/C.** 그러게요. 에어컨을 좀 더 세게 틀어야겠어요.

에어컨을 Air conditioner라고 하지만 일상 회화에서는 줄여서 A/C 또는 air라고도 합니다.

---

A **Are you doing anything special this summer?**
올여름에 특별한 계획 있으세요?

B **I am planning to go to Florida next month. I can't wait to go to the beach.**
다음 달에 플로리다에 갈 계획이에요. 빨리 해변에 갔으면 좋겠네요.

---

A **What did you do last weekend? You look tan.**
지난 주말에 뭐 하셨어요? 살이 (보기 좋게) 탄 것 같아요.

B **I went to the beach with my family.** 가족과 해변에 다녀왔어요.

## 1초 안에 영어로 말해보기!
1초 안에 영어로 나오지 않는다면 1번에서 다시 연습합니다.

1 (온몸이 녹아내릴 정도로 덥다는 걸 강조) **정말 덥네요! 녹아내릴 것 같아요.**

2 **올여름에 특별한 계획 있으세요?**

3 **빨리 해변에 갔으면 좋겠네요.**

4 **살이** (보기 좋게) **탄 것 같네요.**

# Are you going Black Friday shopping?

## Black Friday 쇼핑 가시나요?

더위가 가고 선선한 바람이 부는 가을은 개인적으로 제가 가장 좋아하는 계절인데요. 그래서인지 가을엔 날씨나 계절에 대한 스몰톡도 쉽게 할 수 있어요. 참고로 가을을 대부분의 미국인은 fall, 영국인은 autumn이라고 하고 의미상의 차이는 없습니다. 오늘은 가을에 쓸 수 있는 스몰톡 표현들을 정리해 볼게요.

MP3 듣기

# 1 문장 익히기

### 10번 반복해서 큰 소리로 읽어보며 내 것으로 만듭니다.

--------------------------------------------------

- **I love this fall breeze.** 이런 가을바람이 정말 좋아요.

- **The days are getting shorter.** 해가 점점 짧아지고 있어요.

- **Are you doing anything special for Thanksgiving?** 추수감사절에 특별한 계획 있으세요?

- **Are you going Black Friday shopping?**
  Black Friday 쇼핑 가시나요?

- **It's getting colder.** 날씨가 점점 추워지네요.

## 2 어색한 침묵을 깨는 스몰톡
학습한 문장을 활용해 실전 대화 연습을 해 봅시다.

A I love this fall breeze.
이런 가을바람이 정말 좋아요.

B Yes, but it's getting colder now, so try not to catch a cold.
그러게요. 그래도 날씨가 점점 추워지니 감기 안 걸리게 조심하세요.

A Are you doing anything special for Thanksgiving?
추수감사절에 특별한 계획 있으세요?

B I'm just going to spend time with my family and go shopping on Black Friday.
그냥 가족과 시간을 보내고 Black Friday에 쇼핑 가려고요.

추수감사절(Thanksgiving) 다음 금요일인 Black Friday는 미국의 최대 쇼핑 날이죠. 사람들이 붐비지만 할인 행사가 많은 Black Friday 쇼핑에 갈 건지도 자주 묻는 스몰톡 질문입니다.

## 1초 안에 영어로 말해보기!
1초 안에 영어로 나오지 않는다면 1번에서 다시 연습합니다.

1 이런 가을바람이 정말 좋아요.
2 해가 점점 짧아지고 있어요.
3 추수감사절에 특별한 계획 있으세요?
4 Black Friday 쇼핑 가시나요?
5 날씨가 점점 추워지네요.

# It's freezing out there!
## 밖에 정말 춥네요!

한 해를 마무리하는 겨울엔 추운 날씨뿐만 아니라 지난간 한 해를 회상하거나 새해를 어떻게 보낼 건지에 대한 계획도 물어볼 수 있겠죠. 겨울과 관련된 스몰톡 주제들을 정리해 볼게요.

MP3 듣기

# 1 문장 익히기
### 10번 반복해서 큰 소리로 읽어보며 내 것으로 만듭니다.

- ## It's freezing out there!
  (온몸이 얼 정도로 춥다는 걸 강조) 밖에 정말 춥네요!

- ## Try not to catch a cold.
  감기 안 걸리게 조심하세요.

- ## I can't believe this year is almost over.
  올 한 해가 거의 끝나간다니 믿기지 않네요.

- ## Are you doing anything special for New Year's Day?
  새해 첫날에 특별한 계획 있으세요?

# 2 어색한 침묵을 깨는 스몰톡
학습한 문장을 활용해 실전 대화 연습을 해 봅시다.

A **It's freezing out there.**
(온몸이 얼 정도로 춥다는 걸 강조) 밖에 정말 춥네요!

B **Yes, bundle up and try not to catch a cold.**
그러게요. 옷 따뜻하게 입고 감기 안 걸리게 조심하세요.

---

A **Are you doing anything special for New Year's Day?**
새해 첫날에 특별한 계획 있으세요?

B **I'm going to a party on New Year's Eve. You should come.**
이브에 파티에 갈 건데 오시면 좋겠네요.

A **Just tell me when and where, and I'll be there.**
언제 어디서 하는지 말씀해 주시면 꼭 갈게요.

굳이 New Year's Day라고 하지 않고 Day를 생략해서 New Year's라고만 해도 괜찮아요.

## 1초 안에 영어로 말해보기!
1초 안에 영어로 나오지 않는다면 1번에서 다시 연습합니다.

1 (온몸이 얼 정도로 춥다는 걸 강조) **밖에 정말 춥네요!**

2 **감기 안 걸리게 조심하세요.**

3 **올 한 해가 거의 끝나간다니 믿기지 않네요.**

4 **새해 첫날에 특별한 계획 있으세요?**

그동안 배운 표현을 다시 한번 크게 5번 따라 읽어 본 후, 혼자서 크게 5번 읽어 봅시다.

**01** Spring is in the air. 봄기운이 완연하네요.
따라 읽기 ① ② ③ ④ ⑤ / 혼자서 읽기 ① ② ③ ④ ⑤

**02** Are you going to the blooming festival? 꽃 축제에 가실 건가요?
따라 읽기 ① ② ③ ④ ⑤ / 혼자서 읽기 ① ② ③ ④ ⑤

**03** It's so hot. I'm melting!
(온몸이 녹아내릴 정도로 덥다는 걸 강조) 정말 덥네요! 녹아내릴 것 같아요.
따라 읽기 ① ② ③ ④ ⑤ / 혼자서 읽기 ① ② ③ ④ ⑤

**04** You look tan. 살이 (보기 좋게) 탄 것 같네요.
따라 읽기 ① ② ③ ④ ⑤ / 혼자서 읽기 ① ② ③ ④ ⑤

**05** I love this fall breeze. 이런 가을바람이 정말 좋아요.
따라 읽기 ① ② ③ ④ ⑤ / 혼자서 읽기 ① ② ③ ④ ⑤

**06** Are you doing anything special for Thanksgiving?
추수감사절에 특별한 계획 있으세요?
따라 읽기 ① ② ③ ④ ⑤ / 혼자서 읽기 ① ② ③ ④ ⑤

**07** Are you going Black Friday shopping? Black Friday 쇼핑 가시나요?
따라 읽기 ① ② ③ ④ ⑤ / 혼자서 읽기 ① ② ③ ④ ⑤

**08** It's freezing out there! (온몸이 얼 정도로 춥다는 걸 강조) 밖에 정말 춥네요!
따라 읽기 ① ② ③ ④ ⑤ / 혼자서 읽기 ① ② ③ ④ ⑤

**09** Try not to catch a cold. 감기 안 걸리게 조심하세요.
따라 읽기 ① ② ③ ④ ⑤ / 혼자서 읽기 ① ② ③ ④ ⑤

**10** Are you doing anything special for New Year's Day?
새해 첫날에 특별한 계획 있으세요?
따라 읽기 ① ② ③ ④ ⑤ / 혼자서 읽기 ① ② ③ ④ ⑤

01 봄기운이 완연하네요.

＿＿＿＿＿＿＿＿＿＿＿＿＿＿＿＿＿＿＿＿＿＿＿＿＿ .

02 꽃 축제에 가실 건가요?

＿＿＿＿＿＿＿＿＿＿＿＿＿＿＿＿＿＿＿＿＿＿＿＿＿ .

03 (온몸이 녹아내릴 정도로 덥다는 걸 강조) 정말 덥네요! 녹아내릴 것 같아요.

＿＿＿＿＿＿＿＿＿＿＿＿＿＿＿＿＿＿＿＿＿＿＿＿＿ .

04 살이 (보기 좋게) 탄 것 같네요.

＿＿＿＿＿＿＿＿＿＿＿＿＿＿＿＿＿＿＿＿＿＿＿＿＿ .

05 이런 가을바람이 정말 좋아요.

＿＿＿＿＿＿＿＿＿＿＿＿＿＿＿＿＿＿＿＿＿＿＿＿＿ .

06 추수감사절에 특별한 계획 있으세요?

＿＿＿＿＿＿＿＿＿＿＿＿＿＿＿＿＿＿＿＿＿＿＿＿＿ .

07 Black Friday 쇼핑 가시나요?

＿＿＿＿＿＿＿＿＿＿＿＿＿＿＿＿＿＿＿＿＿＿＿＿＿ .

08 (온 몸이 얼 정도로 춥다는 걸 강조) 밖에 정말 춥네요!

＿＿＿＿＿＿＿＿＿＿＿＿＿＿＿＿＿＿＿＿＿＿＿＿＿ .

09 감기 안 걸리게 조심하세요.

＿＿＿＿＿＿＿＿＿＿＿＿＿＿＿＿＿＿＿＿＿＿＿＿＿ .

10 새해 첫날에 특별한 계획 있으세요?

＿＿＿＿＿＿＿＿＿＿＿＿＿＿＿＿＿＿＿＿＿＿＿＿＿ .

**Review**

# Chapter
## 09

**Day**
# 071
## ~
# 080

# 음식 및 장소에 대해 얘기 하기

# It's nice/fancy/cozy/huge.
## (공간이) 좋네요 / 화려하네요 / 아늑하네요 / 정말 크네요.

가장 쉽게 할 수 있는 스몰톡이 현재 있는 공간에 대해 얘기하는 건데요. 음식점, 카페, 사무실 등의 장소에 따라 상태를 묘사할 때 쓰는 It's를 앞에 넣어 다양하게 응용할 수 있어요.

MP3 듣기

# 1 문장 익히기
### 10번 반복해서 큰 소리로 읽어보며 내 것으로 만듭니다.

- ## It's nice.
  (공간이) 좋은걸요.

- ## It's fancy.
  (공간이) 화려하네요/근사하네요. (상황에 따라 사치스럽다는 부정적인 뉘앙스로 쓰일 수도 있음)

- ## It's cozy.
  (공간이) 아늑하네요.

- ## It's huge.
  (공간이) 정말 크네요.

## 2 어색한 침묵을 깨는 스몰톡
학습한 문장을 활용해 실전 대화 연습을 해 봅시다.

A Wow, it's nice. I like the vibe in here.
우와, 여기 좋네요. 분위기가 정말 마음에 들어요.

B Yes, I am a regular here.
네, 여기 단골이에요.

A I like your office. It's cozy.
사무실 좋은걸요. (공간이) 아늑하네요.

B I know it's not fancy, but I like it.
화려한 건 아니어도 그래도 전 맘에 들어요.

### 1초 안에 영어로 말해보기!
1초 안에 영어로 나오지 않는다면 1번에서 다시 연습합니다.

1 (공간이) **좋은걸요.**

2 (공간이) **화려하네요 / 근사하네요.**

3 (공간이) **아늑하네요.**

4 (공간이) **정말 크네요.**

# What's good here?
## 여긴 뭐가 맛있나요?

우리가 누군가를 만나는 장소가 보통 음식점이거나 카페이기 때문에 상대가 추천한 장소에 간 경우엔 **What's good here?** (여긴 뭐가 맛있나요?)라고 물어볼 수 있어요. 메뉴에서 어떤 걸 골라야 할지 고민이 될 때 음식점이나 카페의 종업원에게도 물어볼 수 있는 유용한 질문입니다.

MP3 듣기

# 1 문장 익히기
### 10번 반복해서 큰 소리로 읽어보며 내 것으로 만듭니다.

- **What's good here?**
  여긴 뭐가 맛있나요?

- **Do you know what's good here?**
  여기 뭐가 맛있는지 아시나요?

- **They are famous for their burgers.**
  버거로 유명해요.

A **What's good here?**
여긴 뭐가 맛있나요?

B **We are famous for our burger.**
저희는 버거로 유명합니다.

A **OK, I'll go with a cheeseburger then.**
그럼 치즈 버거로 할게요.

---

A **Do you know what's good here?**
여기 뭐가 맛있는지 아시나요?

B **They are famous for their burgers.**
버거로 유명해요.

A **I'm not really in the mood for burgers today. What else is good?**
오늘은 버거가 딱히 내키지 않는데 다른 거 맛있는 게 또 있나요?

## 1초 안에 영어로 말해보기!
1초 안에 영어로 나오지 않는다면 1번에서 다시 연습합니다.

1 여긴 뭐가 맛있나요?

2 여기 뭐가 맛있는지 아시나요?

3 버거로 유명해요.

# It smells good.
## 맛있는 냄새가 나네요.

음식점이나 카페에서 식사를 하거나 또는 지인이 요리한 음식을 먹기 전 음식에 대해 칭찬할 수 있죠. 맛있는 냄새가 난다고 할 때는 **It smells good.**이라고 하고 맛있어 보인다고 할 땐 **It looks good.**이라고 하면 됩니다. 정말 간단한 표현이지만 음식이 나올 때마다 거의 매번 쓸 수 있는 스몰톡 표현이니 기억해 주세요.

MP3 듣기

# 1 문장 익히기
### 10번 반복해서 큰 소리로 읽어보며 내 것으로 만듭니다.

- ## It smells good.
  맛있는 냄새가 나네요.

- ## It looks good.
  맛있어 보이네요.

- ## Everything looks delicious!
  (과장해서 표현할 때) 전부 다 맛있어 보이네요!

  맛있다고 할 때 delicious만 쓰지 마세요. 네이티브는 평소 맛있을 때 It's good.을 가장 많이 쓰고 누군가 내게 음식을 대접할 때나 과장해서 표현할 때 delicious을 씁니다. 이 외에 delectable, exquisite, divine, incredible 등 맛있다는 걸 표현하는 단어가 많으니 다양한 표현을 섞어 써주세요.

## 2 어색한 침묵을 깨는 스몰톡
학습한 문장을 활용해 실전 대화 연습을 해 봅시다.

---

A Dinner's ready.
저녁 준비 다 됐어요.

B Wow, everything looks delicious!
우와, 전부 다 맛있어 보이네요!

A There's plenty of food, so please help yourself.
많이 있으니 맘껏 드세요.

---

A Here's your cheeseburger.
여기 주문하신 치즈 버거 나왔습니다.

B Wow, it smells good!
우와, 맛있는 냄새가 나네요!

A Enjoy.
맛있게 드세요.

## 1초 안에 영어로 말해보기!
1초 안에 영어로 나오지 않는다면 1번에서 다시 연습합니다.

---

1 맛있는 냄새가 나네요.

2 맛있어 보이네요.

3 (과장해서 표현할 때) 전부 다 맛있어 보이네요!

# How's your pasta?
## 파스타는 맛이 어때요?

상대의 음식이 괜찮은지 물어볼 땐 [How's your 음식 이름?]을 쓸 수 있는데요. 예를 들어 파스타 맛이 어떤지 물어볼 땐 How's your pasta?라고 하면 됩니다. 단순히 음식 맛이 어떤지 물어볼 때 외에도 식사 자리가 어땠는지 전반적인 경험에 대해 물어볼 때도 응용해 쓸 수 있는데요. 점심 식사가 어땠는지 물어볼 땐 How was lunch?라고 하면 돼요. 누군가와 식사를 같이 할 때마다 쓸 수 있는 표현이니 꼭 기억해 주세요.

MP3 듣기

# 1 문장 익히기
## 10번 반복해서 큰 소리로 읽어보며 내 것으로 만듭니다.

- **How's your pasta?**
  파스타는 맛이 어때요?

- **How's your coffee?**
  커피는 맛이 어때요?

- **How was lunch?**
  (음식 또는 식사 자리에 대해 물을 때) 점심 식사는 어땠어요?

## 2 어색한 침묵을 깨는 스몰톡
학습한 문장을 활용해 실전 대화 연습을 해 봅시다.

----------

A How was lunch?
(식사 자리가 어땠는지 물을 때) 점심 식사는 어땠어요?

B It was good. We hit it off right away.
좋았어요. 마음이 잘 맞더라고요.

hit it off right away는 '죽이(마음이) 잘 맞다', '단번에 의기투합하다'라는 관용 표현입니다.

----------

A How's your pasta?
파스타는 맛이 어때요?

B It's good. I mean, you can't go wrong with their pasta.
How's your steak?'
맛있어요. 뭐, 여기 파스타는 늘 맛있죠.
스테이크는 맛이 어떤가요?

A It's perfect.
완벽해요.

## 1초 안에 영어로 말해보기!
1초 안에 영어로 나오지 않는다면 1번에서 다시 연습합니다.

----------

1 파스타는 맛이 어때요?

2 커피는 맛이 어때요?

3 (음식 또는 식사 자리에 대해 물을 때) 점심 식사는 어땠어요?

# Would you like to try some?
## 조금 드셔 보실래요?

대부분의 미국인들은 정말 친한 사이가 아닌 이상 먹던 음식을 나눠 먹지는 않지만 상대가 내 음식에 관심을 보일 때 건들지 않은 부분을 나눠주는 제스처를 취하며 권해볼 수 있어요. 그땐 Would you like to try some? (조금 드셔 보실래요?)라고 하면 됩니다. 제안했는데 상대가 I'm good. Thank you, though. (괜찮아요. 그래도 권해 주셔서 고맙습니다.)라고 거절해도 상처받지 마세요.

MP3 듣기

# 1 문장 익히기
### 10번 반복해서 큰 소리로 읽어보며 내 것으로 만듭니다.

- ## Would you like to try some?
  조금 드셔 보실래요?

- ## I'm good. Thank you, though.
  괜찮아요. 그래도 권해 주셔서 고맙습니다.

- ## Sure, it looks really good.
  좋아요, 정말 맛있어 보이네요.

# 2 어색한 침묵을 깨는 스몰톡

학습한 문장을 활용해 실전 대화 연습을 해 봅시다.

---

A How's your salad?

샐러드는 맛이 어떤가요?

B It's good. Would you like to try some?

맛있어요. 조금 드셔 보실래요?

A Oh, I'm good. Thank you, though.

아, 괜찮아요. 그래도 권해 주셔서 고맙습니다.

I'm good. 은 '괜찮아요.'란 의미로 부드럽게 거절할 때 쓰고 It's good.은 음식이나 음료가 맛있을 때 씁니다. 주어가 다른 점 유의해 주세요.

---

A Wow, your steak looks really good!

우와, 당신의 스테이크 정말 맛있어 보이네요!

B Would you like to try some?

조금 드셔 보실래요?

A Sure! You can have some of my pasta.

좋아요! 제 파스타도 드셔 보세요.

# 1초 안에 영어로 말해보기!

1초 안에 영어로 나오지 않는다면 1번에서 다시 연습합니다.

---

1 조금 드셔 보실래요?

2 괜찮아요. 그래도 권해 주셔서 고맙습니다.

3 좋아요, 정말 맛있어 보이네요.

# That looks good. What is it?
## 그거 맛있어 보이는데 뭔가요?

미국은 인맥을 쌓고 여러 사람들과 교류할 수 있는 networking event나 파티가 많은데요. 지인이나 옆에 앉은 사람이 행사에서 제공되는 핑거 푸드를 먹고 있을 때 **That looks good. What is it?** (그거 맛있어 보이는데 뭔가요?)라고 물어보며 가볍게 말을 걸 수 있어요. 음식은 물론 음료에도 쓸 수 있는 좋은 표현인데요. 쿠키처럼 누가 봐도 알 수 있는 음식에는 **What kind of cookie is that?** (어떤 종류의 쿠키인가요?)라고 구체적으로 물어볼 수 있으니 참고하세요.

MP3 듣기

# 1 문장 익히기
### 10번 반복해서 큰 소리로 읽어보며 내 것으로 만듭니다.

- ## That looks good. What is it?
  그거 맛있어 보이는데 뭔가요?

- ## That looks good. What kind of cookie is that?
  그거 맛있어 보이는데 어떤 종류의 쿠키인가요?

- ## Where did you get it?
  어디에서 가져오신 건가요?

## 2 어색한 침묵을 깨는 스몰톡

학습한 문장을 활용해 실전 대화 연습을 해 봅시다.

---

A **That looks good. What kind of cookie is that?**
그거 맛있어 보이는데 어떤 종류의 쿠키인가요?

B **It's peanut butter.**
땅콩버터예요.

A **It's my favorite! Where did you get it?**
제가 제일 좋아하는 건데! 어디에서 가져오신 건가요?

---

A **That looks good. What is it?**
그거 맛있어 보이는데 뭔가요?

B **I think it's a grilled chicken sandwich.**
제 생각엔 구운 치킨 샌드위치인 것 같아요.

A **Sounds good. Where did you get it?**
말씀만 들어도 먹고 싶네요. 어디에서 가져오신 건가요?

B **It's over there by the drink booth.**
저기 음료 부스 옆에 있어요.

## 1초 안에 영어로 말해보기!

1초 안에 영어로 나오지 않는다면 1번에서 다시 연습합니다.

---

1 그거 맛있어 보이는데 뭔가요?

2 그거 맛있어 보이는데 어떤 종류의 쿠키인가요?

3 어디에서 가져오신 건가요?

# You're a great cook!
## 요리 정말 잘 하시네요!

상대가 나를 위해 요리를 해줬을 때 가능하면 맛있다고, 정말 요리를 잘한다고 칭찬해 줘야 요리를 해 준 상대도 뿌듯하고 다음에 또 얻어먹을 수 있겠죠. cook을 많은 분들이 요리라고 외우시는데 요리하는 사람이란 의미로 bad cook (요리를 못하는 사람)이나 good cook (요리를 잘하는 사람)이나 우리 모두 다 cook입니다. 상대의 요리 실력을 칭찬할 땐 good보다 강조해서 **You're a great cook!** (요리 정말 잘 하시네요!)라고 하시면 돼요.

MP3 듣기

## 1 문장 익히기
### 10번 반복해서 큰 소리로 읽어보며 내 것으로 만듭니다.

- ## You're a great cook!
  요리 정말 잘 하시네요!

- ## Your mom is a great cook!
  어머니께서 요리를 정말 잘 하시네요.

- ## Your mom must be a great cook!
  (확신/강조) 어머니께서 정말 요리를 잘 하시나 봐요.

- ## Are you a good cook?
  요리 잘 하시나요?

A **This is really good. You're a great cook!**
이거 정말 맛있네요. 요리 정말 잘 하시네요!

B **Aw, I'm glad you like it.**
아, 맛있게 드셔 주시니 기쁜걸요.

---

A **This is incredible. Where did you get it?**
이거 정말 맛있네요. 어디에서 사신 건가요?

B **Actually, my mom made it.**
실은 엄마가 만든 거예요.

A **Your mom must be a great cook!**
(확신/강조) 어머니께서 요리를 정말 잘 하시나 봐요.

B **Indeed.**
정말 잘 하세요.

---

A **Are you a good cook?**
요리 잘 하시나요?

B **I try.** 잘 하려고 노력해요.

## 1초 안에 영어로 말해보기!
1초 안에 영어로 나오지 않는다면 1번에서 다시 연습합니다.

1 요리 정말 잘 하시네요!

2 어머님께서 정말 요리를 잘 하시네요!

3 (확신/강조) 어머니께서 요리를 정말 잘 하시나 봐요.

4 요리 잘 하시나요?

# You should check out that café.
## 그 카페에 한번 가 보세요.

맛있는 음식점이나 카페를 추천할 때 recommend를 써도 괜찮지만 가볍게 추천하는 뉘앙스인 check out (알아보다/확인해 보다)를 더 자주 써요. 예를 들어 괜찮은 카페를 추천할 땐 **You should check out that café.** (그 카페에 한번 가보세요.)라고 하면 됩니다. 직역하면 알아보라는 뉘앙스지만 의역해서 가볍게 추천하며 기보리는 뉘앙스로 쓸 수 있고요. 뒤에 sometime(언제, 시간 될 때)을 붙여주면 좀 더 부담 없이 추천할 수 있어요.

MP3 듣기

# 1 문장 익히기
### 10번 반복해서 큰 소리로 읽어보며 내 것으로 만듭니다.

- **You should check out that café.**
  (가볍게 추천) 그 카페에 한번 가 보세요.

- **You should check out that café sometime.**
  (가볍게 추천) 언제 시간 될 때 그 카페에 한번 가 보세요.

- **You should check it out sometime.**
  (가볍게 추천) 거기 언제 한번 가 보세요.

# 2 어색한 침묵을 깨는 스몰톡

학습한 문장을 활용해 실전 대화 연습을 해 봅시다.

---

A **I am obsessed with Gazzi café.**
Gazzi 카페가 (집착하다시피) 정말 좋아요.

B **Really? Is it that good?**
정말이요? 거기가 그 정도로 좋아요?

A **Yes, you should check it out sometime.**
네, (가볍게 추천) 거기 언제 한번 가 보세요.

B **I will.**
그럴게요.

---

A **There's a new café down the street.**
근처에 새로운 카페가 생겼네요.

B **Yes, we should check it out sometime.**
네, (가볍게 추천) 우리 언제 거기 한번 가 봐요.

## 1초 안에 영어로 말해보기!

1초 안에 영어로 나오지 않는다면 1번에서 다시 연습합니다.

---

1 (가볍게 추천) **그 카페에 한번 가 보세요.**

2 (가볍게 추천) **언제 시간 될 때 그 카페에 한번 가 보세요.**

3 (가볍게 추천) **거기 언제 한번 가 보세요.**

# Do you know where the restroom is?
## 화장실이 어디에 있는지 아시나요?

화장실은 영국식 영어에서는 toilet, loo를 자주 쓰고 미국식 영어에서는 restroom, bathroom, washroom 등 정말 다양한 표현들을 쓰는데요. 단 미국인들에게 toilet은 변기를 떠오르게 하니 가급적 다른 표현을 써주세요. 옆에 있는 사람에게 화장실이 어디에 있는지 가볍게 말을 걸며 물어볼 땐 **Do you know where the restroom is?** (화장실이 어디에 있는지 아시나요?)라고 하면 돼요. 꼭 화장실이 아니라 엘리베이터, 로비 등 다양하게 응용 가능합니다.

MP3 듣기

# 1 문장 익히기
### 10번 반복해서 큰 소리로 읽어보며 내 것으로 만듭니다.

- **Do you know where the restroom is?**
  화장실이 어디에 있는지 아시나요?

- **Do you know where the lobby is?**
  로비가 어디에 있는지 아시나요?

- **It's right by the elevator.**
  엘리베이터 바로 옆에 있어요.

- **Let me show you the way.**
  제가 같이 가 드릴게요.

## 2 어색한 침묵을 깨는 스몰톡

학습한 문장을 활용해 실전 대화 연습을 해 봅시다.

---

A  Excuse me. Do you know where the restroom is?
실례합니다. 화장실이 어디에 있는지 아시나요?

B  It's right by the elevator.
엘리베이터 바로 옆에 있어요.

---

A  Excuse me. Do you know where the lobby is?
실례합니다. 로비가 어디에 있는지 아시나요?

B  Well, let me show you the way.
음, 제가 같이 가 드릴게요.

## 1초 안에 영어로 말해보기!

1초 안에 영어로 나오지 않는다면 1번에서 다시 연습합니다.

---

1  화장실이 어디에 있는지 아시나요?

2  로비가 어디에 있는지 아시나요?

3  엘리베이터 바로 옆에 있어요.

4  제가 같이 가 드릴게요.

# Day 080

# Did you have a good lunch?
## 점심 식사는 맛있게 하셨나요?

우린 점심시간이 지나 만나면 예의상 '식사는 하셨어요?'라고 물어보죠. 네이티브는 같이 식사를 할 마음이 있거나 식사를 안 한 상대에게 먹을 걸 챙겨줄 수 있는 상황이 아닌 이상 예의상 이런 질문은 하지 않는데요. 하지만 상대가 점심에 데이트가 있었거나 중요한 점심 식사 미팅이 있었을 땐 **Did you have a good lunch?** (점심 식사는 맛있게 하셨나요?)라고 하며 진행 상황을 물어봅니다. 이 표현을 응용해 식사 전에 점심 식사를 맛있게 하라고 할 때는 **Have a good lunch.**라고 하면 돼요.

MP3 듣기

# 1 문장 익히기
## 10번 반복해서 큰 소리로 읽어보며 내 것으로 만듭니다.

- ## Did you have a good lunch?
  점심 식사는 맛있게 하셨나요?

- ## Have a good lunch.
  점심 식사 맛있게 하세요.

- ## What did you have for lunch?
  점심은 뭘 드셨어요?

A Have a good dinner.

저녁 식사 맛있게 하세요.

B You too.

당신도요.

---

A What did you have for lunch?

점심은 뭘 드셨어요?

B Brian and I went to a new Korean place down the street.

Brian과 근처에 새로 생긴 한식집에 갔다 왔어요.

## 1초 안에 영어로 말해보기!
1초 안에 영어로 나오지 않는다면 1번에서 다시 연습합니다.

1 점심 식사는 맛있게 하셨나요?

2 점심 식사 맛있게 하세요.

3 점심은 뭘 드셨어요?

## (( Review ))

MP3 듣기

 그동안 배운 표현을 다시 한번 크게 5번 따라 읽어 본 후, 혼자서 크게 5번 읽어 봅시다.

**01 It's fancy.**
(공간이) 화려하네요/근사하네요.
따라 읽기 ① ② ③ ④ ⑤ / 혼자서 읽기 ① ② ③ ④ ⑤

**02 What's good here?** 여긴 뭐가 맛있나요?
따라 읽기 ① ② ③ ④ ⑤ / 혼자서 읽기 ① ② ③ ④ ⑤

**03 It smells good.** 맛있는 냄새가 나네요.
따라 읽기 ① ② ③ ④ ⑤ / 혼자서 읽기 ① ② ③ ④ ⑤

**04 How's your pasta?** 파스타는 맛이 어때요?
따라 읽기 ① ② ③ ④ ⑤ / 혼자서 읽기 ① ② ③ ④ ⑤

**05 Would you like to try some?** 조금 드셔 보실래요?
따라 읽기 ① ② ③ ④ ⑤ / 혼자서 읽기 ① ② ③ ④ ⑤

**06 That looks good. What is it?** 그거 맛있어 보이는데 뭔가요?
따라 읽기 ① ② ③ ④ ⑤ / 혼자서 읽기 ① ② ③ ④ ⑤

**07 You're a great cook!** 요리 정말 잘 하시네요!
따라 읽기 ① ② ③ ④ ⑤ / 혼자서 읽기 ① ② ③ ④ ⑤

**08 You should check out that café.** (가볍게 추천) 그 카페에 한번 가 보세요.
따라 읽기 ① ② ③ ④ ⑤ / 혼자서 읽기 ① ② ③ ④ ⑤

**09 Do you know where the restroom is?**
화장실이 어디에 있는지 아시나요?
따라 읽기 ① ② ③ ④ ⑤ / 혼자서 읽기 ① ② ③ ④ ⑤

**10 Did you have a good lunch?** 점심 식사는 맛있게 하셨나요?
따라 읽기 ① ② ③ ④ ⑤ / 혼자서 읽기 ① ② ③ ④ ⑤

01 (공간이) 화려하네요 / 근사하네요.

_____.

02 여긴 뭐가 맛있나요?

_____.

03 맛있는 냄새가 나네요.

_____.

04 파스타는 맛이 어때요?

_____.

05 조금 드셔 보실래요?

_____.

06 그거 맛있어 보이는데 뭔가요?

_____.

07 요리 정말 잘 하시네요!

_____.

08 (가볍게 추천) 그 카페에 한번 가 보세요.

_____.

09 화장실이 어디에 있는지 아시나요?

_____.

10 점심 식사는 맛있게 하셨나요?

_____.

**Review**

# Chapter 10

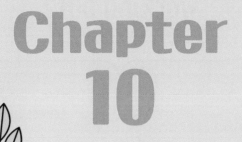

**Day**
# 081
# ~
# 088

# 칭찬하기

# Have you been working out?
## 요즘 운동하세요?

가능하면 상대의 몸에 대한 칭찬은 피하는 게 좋지만 평소 알고 지낸 사람이 평소보다 몸이 더 좋아 보일 때 칭찬하는 것은 좋은 스몰톡이 될 수 있죠. 요즘 운동하는지 물어볼 땐 **Have you been working out?**이라고 하면 됩니다.

MP3 듣기

# 1 문장 익히기
### 10번 반복해서 큰 소리로 읽어보며 내 것으로 만듭니다.

- ## Have you been working out?
  요즘 운동하세요?

- ## Yes, I have. Thank you for noticing.
  네, 알아봐 줘서 고마워요.

- ## Actually, I've been doing some yoga lately.
  실은, 최근에 요가를 좀 하고 있어요.

- ## Not really.
  아뇨. 딱히요.

## 2 어색한 침묵을 깨는 스몰톡
학습한 문장을 활용해 실전 대화 연습을 해 봅시다.

A Have you been working out?
요즘 운동하세요?

B Actually, I've been doing some yoga lately.
실은 최근에 요가를 좀 하고 있어요.

A Well, you look good!
음, 좋아 보이세요!

B Aw, thank you for noticing.
아, 알아봐 줘서 고마워요.

상대가 나를 칭찬했을 때 '아니에요'라고 하며 상대의 안목이 틀렸다고 하지 말고 I'm flattered. (어깨가 으쓱 하는걸요.), You're not so bad yourself. (당신도 만만치 않아요.), Thank you for your compliment. (칭찬 감사합니다.) 등으로 여유롭게 받아 주세요.

A Have you been working out?
요즘 운동하세요?

B Not really.
아뇨. 딱히요.

## 1초 안에 영어로 말해보기!
1초 안에 영어로 나오지 않는다면 1번에서 다시 연습합니다.

1 요즘 운동하세요?

2 네, 알아봐 줘서 고마워요.

3 실은 최근에 요가를 좀 하고 있어요.

4 아뇨. 딱히요.

# I like your dress.
## 원피스가 마음에 드는걸요 / 예쁜걸요.

칭찬할 때에는 외모나 몸매보다 상대가 입고 있는 의상을 언급하는 게 가장 무난한데요. 쉬워 보이지만 가장 많이 쓰이는 표현은 **[I like your 의상.]** (~가 마음에 드는걸요.)입니다. 예를 들어 **I like your dress.**라고 하면 '원피스가 마음에 드는걸요.'라고 직역할 수 있지만 의역하면 '원피스가 예쁜걸요.'라는 의미가 돼요. 같이 엘리베이터에 탄 처음 만난 사람에게도 가볍게 던질 수 있는 스몰톡이니 편히 써 주세요.

MP3 듣기

---

# 1 문장 익히기
## 10번 반복해서 큰 소리로 읽어보며 내 것으로 만듭니다.

- **I like your dress.** 원피스가 마음에 드는걸요/예쁜걸요.

- **I like your shirt.** 셔츠가 마음에 드는걸요/멋진걸요.

  셔츠 하나를 shirts라고 하는 건 콩글리시입니다. shirt가 옳은 표현입니다.

- **I like your hair.**
  (헤어스타일이 마음에 들 때) 머리가 마음에 드는걸요 / 예쁜걸요.

- **You look nice today.** 오늘 멋져 보이세요.

## 2 어색한 침묵을 깨는 스몰톡
학습한 문장을 활용해 실전 대화 연습을 해 봅시다.

A **You look nice today. What's the occasion?**
오늘 멋져 보이세요. 무슨 특별한 날인가요?

B **No occasion. I just felt like dressing up.**
특별한 날은 아닌데 그냥 차려 입고 싶었어요.

---

A **I like your shirt. Pink is a color for you.**
셔츠가 마음에 드는걸요(멋진걸요). 분홍색이 잘 어울리세요.'

B **I wasn't sure if I could pull it off, but thank you.**
저한테 잘 어울리는지 자신이 없었는데, 감사해요.

pull off는 옷이나 스타일 등을 잘 소화해 낸다는
의미입니다.

## 1초 안에 영어로 말해보기!
1초 안에 영어로 나오지 않는다면 1번에서 다시 연습합니다.

1 **원피스가 마음에 드는걸요 / 예쁜걸요.**

2 **셔츠가 마음에 드는걸요 / 멋진걸요.**

3 (헤어스타일이 마음에 들 때) **머리가 마음에 드는걸요 / 예쁜걸요.**

4 **오늘 멋져 보이세요.**

# That shirt looks good on you.
## 그 셔츠가 잘 어울려요.

상대가 입고 있는 옷이나 장신구가 잘 어울릴 땐 look good on (~에게 잘 어울리다)를 응용할 수 있는데요. 예를 들어 그 셔츠가 잘 어울린다고 할 땐 **That shirt looks good on you.** 라고 하면 돼요. 옷이나 장신구 외에도 특정 색상이 잘 어울린다고 말할 때도 응용해서 쓸 수 있습니다.

MP3 듣기

# 1 문장 익히기
### 10번 반복해서 큰 소리로 읽어보며 내 것으로 만듭니다.

----------------------------------------------------

- **That shirt looks good on you.**
  그 셔츠가 잘 어울려요.

- **That color looks good on you.**
  그 색이 잘 어울려요.

- **Red looks good on you.**
  빨간색이 잘 어울려요.

  Red is your color.라고 해도 빨간색이 잘 어울린다는 의미가 됩니다.

## 2 어색한 침묵을 깨는 스몰톡

학습한 문장을 활용해 실전 대화 연습을 해 봅시다.

A  I like your shirt. It looks good on you.

셔츠가 마음에 드는걸요/멋진걸요. 잘 어울리세요.

B  Thanks. My daughter bought it for me for my birthday.

고마워요. 딸아이가 생일 선물로 사주더라고요.

---

A  I like your dress. Is that new?

원피스가 마음에 드는걸요/예쁜걸요. 새로 사셨나요?

B  Yes, I just bought it yesterday.

네, 어제 샀어요.

A  Well, that color looks good on you.

저, 그 색이 잘 어울리세요.

B  Thank you. You're so sweet.

고마워요. 정말 다정하세요.

## 1초 안에 영어로 말해보기!

1초 안에 영어로 나오지 않는다면 1번에서 다시 연습합니다.

1  그 셔츠가 잘 어울려요.

2  그 색이 잘 어울려요.

3  빨간색이 잘 어울려요.

# Where did you get it?
## 그거 어디에서 사셨나요?

어디에서 가져왔는지 또는 샀는지를 물어볼 때 Where did you get it?을 쓸 수 있는데요. 특정 물건을 어디에서 가져왔는지 물어볼 때도 쓰지만 마음에 드는 물건의 구매처를 물어볼 때도 쓸 수 있습니다.

MP3 듣기

# 1 문장 익히기
### 10번 반복해서 큰 소리로 읽어보며 내 것으로 만듭니다.

----------------------------------------------

- ## Where did you get it?
  그거 어디에서 사셨나요?

- ## I got it from my sister.
  언니가 준 거예요.

- ## I got it from the mall.
  몰에서 샀어요.

## 2 어색한 침묵을 깨는 스몰톡
학습한 문장을 활용해 실전 대화 연습을 해 봅시다.

A  **I like your sweater. Where did you get it?**
스웨터가 마음에 드는걸요/예쁜걸요. 어디에서 사셨나요?

B  **I got it from my sister.**
언니가 준 거예요.

---

A  **I like your glasses. Where did you get them?**
안경이 마음에 드는걸요/예쁜걸요. 어디에서 사셨나요?

B  **I got them from the mall.**
몰에서 샀어요.

A  **Well, they look good on you.**
음, 잘 어울리세요.

## 1초 안에 영어로 말해보기!
1초 안에 영어로 나오지 않는다면 1번에서 다시 연습합니다.

1  그거 어디에서 사셨나요?

2  언니가 준 거예요.

3  몰에서 샀어요.

# You don't look a day over 35.
## 많아 봤자 35살밖에 안된 것 같아요.

우리도 상대가 나이를 얘기할 때 그 나이처럼 안 보인다고 정말 동안이라고 얘기하는 것처럼 미국인들도 똑같아요. 예를 들어 45살이라고 한 상대에게 'You don't look a day over 35.' (많아 봤자 35살밖에 안된 것 같아요.)라고 하면 정말 좋아하겠죠. 물론 비현실적으로 너무 어린 나이를 언급하거나 상대의 실제 나이와 얼마 차이가 안 나면 오히려 역효과가 날 수 있으니 유의해 주세요.

MP3 듣기

# 1 문장 익히기
### 10번 반복해서 큰 소리로 읽어보며 내 것으로 만듭니다.

---

● **You don't look a day over 35.**
많아 봤자 35살밖에 안된 것 같아요.

● **You don't look a day over 25.**
많아 봤자 25살밖에 안된 것 같아요.

● **You made my day.**
(내 하루를 완성시켰을 만큼) 덕분에 정말 기분이 좋네요.

## 2 어색한 침묵을 깨는 스몰톡

학습한 문장을 활용해 실전 대화 연습을 해 봅시다.

A **I am 45.**
전 45살이예요.

B **No way. You don't look a day over 35.**
말두 안 돼유. 많아 봤자 35살밖에 안된 것 같아요.

A **You made my day.**
(내 하루를 완성시켰을 만큼) 덕분에 정말 기분이 좋네요.

---

A **I'm getting old.**
저도 점점 나이가 들어가네요.

B **Well, you don't look a day over 25.**
음, 많아 봤자 25살밖에 안된 것 같아요.

A **You're so sweet.**
정말 다정하세요.

B **I mean it.**
진심인걸요.

## 1초 안에 영어로 말해보기!

1초 안에 영어로 나오지 않는다면 1번에서 다시 연습합니다.

1 **많아 봤자 35살밖에 안된 것 같아요.**

2 **많아 봤자 25살밖에 안된 것 같아요.**

3 (내 하루를 완성시켰을 만큼) **덕분에 정말 기분 좋은걸요.**

# You haven't changed a bit.
## 조금도 안 변하셨어요.

오랜만에 만난 지인에게 외모가 예전과 조금도 안 변했다고 여전히 예쁘고 멋있다고 칭찬할 때 **You haven't changed a bit.** (조금도 안 변하셨어요.)라고 할 수 있어요. 근데 이 표현은 정말 자주 쓰이지만 상황에 따라 상대를 비꼬며 '넌 여전하구나.'란 의미가 될 수도 있으니 유의해 주세요.

MP3 듣기

---

# 1 문장 익히기
### 10번 반복해서 큰 소리로 읽어보며 내 것으로 만듭니다.

--------------------------------------------------

- ## You haven't changed a bit.
  (긍정적) 조금도 안 변하셨어요.

- ## You haven't aged at all.
  (나이가 하나도 들지 않았다는 뉘앙스) 그대로세요.

- ## She hasn't changed a bit.
  (긍정/부정) 그분은 조금도 안 변했어요.

## 2 어색한 침묵을 깨는 스몰톡

학습한 문장을 활용해 실전 대화 연습을 해 봅시다.

----------------------------------------

A **How have you been? I haven't seen you in years.**

그간 잘 지내셨어요? 정말 오랜만에 뵙는걸요.

B **I've been good. Wow, you look great. You haven't aged at all.**

전 잘 지냈어요. 우와, 정말 좋아 보이세요. 그대로세요.

A **Oh, you don't look so bad yourself.**

에이, 만만치 않으신걸요, 뭘.

----------------------------------------

A **How was your high school reunion? Did you meet Sarah?**

고등학교 동창회는 어땠어? Sarah는 만났어?

B **Yeah, she hasn't changed a bit.**

응, 조금도 안 변했더라고.

## 1초 안에 영어로 말해보기!

1초 안에 영어로 나오지 않는다면 1번에서 다시 연습합니다.

----------------------------------------

1 (긍정적) **조금도 안 변하셨어요.**

2 (나이가 하나도 들지 않았다는 뉘앙스) **그대로세요.**

3 (긍정/부정) **그분은 조금도 안 변했어요.**

# Did you change your hair?
## 헤어스타일 바꾸셨어요?

상대가 염색을 했거나 머리를 잘랐을 때 헤어스타일이 바뀌었는지 물어보는 것도 관심을 갖고 있다는 걸 보여주는 좋은 스몰톡이죠. 헤어스타일이 바뀌었는지 물어볼 땐 **Did you change your hair?**라고 하면 돼요. 설령 헤어스타일을 바꾸지 않았더라도 **You look nice today.** (오늘 근사해 보이네요.)라며 넘어갈 수 있으니 상대의 헤어스타일이 평소와 달라 보이면 편하게 써 주세요.

MP3 듣기

# 1 문장 익히기
### 10번 반복해서 큰 소리로 읽어보며 내 것으로 만듭니다.

- ## Did you change your hair?
  헤어스타일 바꾸셨어요?

- ## It looks good.
  (바꾼 헤어스타일이) 멋져 보여요.

- ## You look nice today.
  오늘 근사해 보이네요.

A Did you change your hair?
헤어스타일 바꾸셨어요?

B Yes, I just got a haircut.
네, 머리를 잘랐어요.

A Well, it looks good!
음, (바뀐 헤어스타일이) 멋져 보이는걸요!

B Thank you.
고맙습니다.

---

A Did you change your hair?
헤어스타일 바꾸셨나요?

B No.
아니요.

A Well, you look nice today.
음, 오늘 근사해 보이네요.

B Aw, thank you.
어머, 고맙습니다.

## 1초 안에 영어로 말해보기!

1초 안에 영어로 나오지 않는다면 1번에서 다시 연습합니다.

1 헤어스타일 바꾸셨어요?

2 (바꾼 헤어스타일이) 멋져 보여요.

3 오늘 근사해 보이네요.

# Congratulations on your new job.
## 취업 / 승진 축하합니다.

상대가 취업이나 승진했을 때 축하한다는 의미로 **Congratulations on your new job.**이라고 할 수 있어요. 이 외에도 Congratulations on 뒤에 결혼, 출산, 졸업 등을 넣어 응용할 수 있습니다. 참고로 Congratulations를 줄여 Congrats라고도 자주 쓰니 둘 다 알아 두세요.

MP3 듣기

# 1 문장 익히기
### 10번 반복해서 큰 소리로 읽어보며 내 것으로 만듭니다.

------------------------------------------------

- ## Congratulations on your new job.
  취업/승진 축하합니다.

  승진은 promotion을 써서 Congratulations on your promotion.이라도 해도 괜찮아요.

- ## Congratulations on your wedding.
  결혼 축하합니다.

- ## Congrats on your new apartment.
  새로 아파트 사신 거 축하합니다.

# 2 어색한 침묵을 깨는 스몰톡

학습한 문장을 활용해 실전 대화 연습을 해 봅시다.

---

A **Congratulations on your new job! You deserve it.**
취업/승진 축하합니다. 그럴만한 자격이 있어요.

B **Coming from you, I'm flattered.**
당신에게 그런 말을 들으니 어깨가 으쓱하는걸요.

---

A **Congratulations on your wedding!**
결혼 축하합니다.

B **Aw, thank you.**
아, 고맙습니다.

---

A **Congrats on your new apartment.**
새로 아파트 사신 거 축하합니다.

B **Thank you. I'm so excited.**
고맙습니다. 정말 설레요.

## 1초 안에 영어로 말해보기!

1초 안에 영어로 나오지 않는다면 1번에서 다시 연습합니다.

---

1 **취업/승진 축하합니다.**

2 **결혼 축하합니다.**

3 **새로 아파트 사신 거 축하합니다.**

그동안 배운 표현을 다시 한번 크게 5번 따라 읽어 본 후, 혼자서 크게 5번 읽어 봅시다.

01 **Have you been working out?** 요즘 운동하세요?
따라 읽기 ① ② ③ ④ ⑤ / 혼자서 읽기 ① ② ③ ④ ⑤

02 **I like your dress.** 원피스가 마음에 드는걸요/예쁜걸요.
따라 읽기 ① ② ③ ④ ⑤ / 혼자서 읽기 ① ② ③ ④ ⑤

03 **That shirt looks good on you.** 그 셔츠가 잘 어울려요.
따라 읽기 ① ② ③ ④ ⑤ / 혼자서 읽기 ① ② ③ ④ ⑤

04 **Where did you get it?** 그거 어디에서 사셨나요?
따라 읽기 ① ② ③ ④ ⑤ / 혼자서 읽기 ① ② ③ ④ ⑤

05 **You don't look a day over 35.** 많아 봤자 35살밖에 안된 것 같아요.
따라 읽기 ① ② ③ ④ ⑤ / 혼자서 읽기 ① ② ③ ④ ⑤

06 **You made my day.** (내 하루를 완성시켰을 만큼) 덕분에 정말 기분이 좋네요.
따라 읽기 ① ② ③ ④ ⑤ / 혼자서 읽기 ① ② ③ ④ ⑤

07 **You haven't changed a bit.** (긍정적) 조금도 안 변하셨어요.
따라 읽기 ① ② ③ ④ ⑤ / 혼자서 읽기 ① ② ③ ④ ⑤

08 **Did you change your hair?** 헤어스타일 바꾸셨어요?
따라 읽기 ① ② ③ ④ ⑤ / 혼자서 읽기 ① ② ③ ④ ⑤

09 **You look nice today.** 오늘 근사해 보이네요.
따라 읽기 ① ② ③ ④ ⑤ / 혼자서 읽기 ① ② ③ ④ ⑤

10 **Congratulations on your new job.** 취업/승진 축하합니다.
따라 읽기 ① ② ③ ④ ⑤ / 혼자서 읽기 ① ② ③ ④ ⑤

01 요즘 운동하세요?

_____ .

02 원피스가 마음에 드는걸요 / 예쁜걸요.

_____ .

03 그 셔츠가 잘 어울려요.

_____ .

04 그거 어디에서 사셨나요?

_____ .

05 많아 봤자 35살밖에 안된 것 같아요.

_____ .

06 (내 하루를 완성시켰을 만큼) 덕분에 정말 기분이 좋네요.

_____ .

07 (긍정적) 조금도 안 변하셨어요.

_____ .

08 헤어스타일 바꾸셨어요?

_____ .

09 오늘 근사해 보이네요.

_____ .

10 취업 / 승진 축하합니다.

_____ .

**Review**

# Chapter 11

Day
089
~
097

기타 스몰톡
핵심 표현들

# I'm glad I ran into you!
## 이렇게 만나니 정말 반갑네요!

지나가다 우연히 지인을 만났을 때 또는 예상치 못한 장소에서 상대를 마주쳤을 때 I am glad I ran into you. (이렇게 우연히 만나니 정말 반갑네요.)를 정말 자주 쓰는데요. 단순히 만나서 반갑다는 마음을 표현할 때도 쓰지만 만남을 마무리할 때도 자주 써요. 앞에 I am을 생략해서 Glad I ran into you.라고만 해도 의미는 같습니다.

MP3 듣기

# 1 문장 익히기
### 10번 반복해서 큰 소리로 읽어보며 내 것으로 만듭니다.

- ## I'm glad I ran into you!
  (지나가다 우연히 만났을 때) 이렇게 만나니 정말 반갑네요!

- ## I'm glad I ran into you. I really need your help.
  (도움이 필요했던 사람을 우연히 마주쳤을 때) 이렇게 만나니 기쁘네요. 당신의 도움이 정말 필요해요.

- ## Anyway, I'm glad I ran into you.
  (만남을 마무리하며) 아무튼, 이렇게 만나니 정말 반갑네요.

# 2 어색한 침묵을 깨는 스몰톡

학습한 문장을 활용해 실전 대화 연습을 해 봅시다.

---

A I'm glad I ran into you.

이렇게 만나니 정말 반갑네요.

B I know. This is really nice.

그러게요. 정말 반가워요.

---

A Glad I ran into you. I really need your help.

(도움이 필요했던 사람을 우연히 마주쳤을 때) 이렇게 만나니 기쁘네요.
당신의 도움이 정말 필요해요.

B Sure. What can I do for you?

그래요. 뭘 도와드릴까요?

---

A Anyway, I'm glad I ran into you.
Let's grab a drink sometime.

(만남을 마무리하며) 아무튼 이렇게 만나니 정말 반갑네요.
언제 시간 될 때 술 한잔해요.

B Sounds good.

좋아요.

## 1초 안에 영어로 말해보기!

1초 안에 영어로 나오지 않는다면 1번에서 다시 연습합니다.

---

1 (지나가다 우연히 만났을 때) **이렇게 만나니 정말 반갑네요!**

2 (도움이 필요했던 사람을 우연히 마주쳤을 때)
   **이렇게 만나니 기쁘네요. 당신의 도움이 정말 필요해요.**

3 (만남을 마무리하며) **아무튼, 이렇게 만나니 정말 반갑네요.**

# I saw that movie the other day.
## 저번에 그 영화 봤어요.

비교적 최근에 일어난 과거 경험을 말할 때 '저번에'란 표현을 자주 쓰죠. 영어로 '저번에'는 the other day라고 합니다. 네이티브도 평소 자주 쓰는 표현이니 특정 경험을 한 시점이 정확히 생각나지 않을 땐 the other day를 쓰고 넘어가 주세요.

MP3 듣기

# 1 문장 익히기
### 10번 반복해서 큰 소리로 읽어보며 내 것으로 만듭니다.

- **I saw that movie the other day.**
  저번에 그 영화 봤어요.

- **I saw her the other day.**
  저번에 그녀를 만났어요.

- **I went there the other day.**
  저번에 거기 다녀왔어요.

- **Sorry about the other day.**
  저번 일은 죄송해요.

# 2 어색한 침묵을 깨는 스몰톡

학습한 문장을 활용해 실전 대화 연습을 해 봅시다.

A There's a new café down the street. 근처에 새 카페가 생겼더라고요.

B Actually, I went there the other day. 실은, 저번에 거기 다녀왔어요.

A How was it? 어땠나요?

B It was okay. 그냥 그랬어요.

---

A Do you still talk to Anne? 아직 Anne과 연락하고 지내세요?

B Yes, I saw her the other day. 네, 저번에 그녀를 만났어요.

A How's she doing? 어떻게 지낸대요?

B She's doing well. She gave birth to
a lovely baby last month.
잘 지내요. 지난달에 정말 귀여운 아이를
출산했어요.

---

A Sorry about the other day.
저번 일은 죄송해요.

B It's okay. I understand.
괜찮아요. 이해해요.

## 1초 안에 영어로 말해보기!

1초 안에 영어로 나오지 않는다면 1번에서 다시 연습합니다.

1 저번에 그 영화 봤어요.

2 저번에 그녀를 만났어요.

3 저번에 거기 다녀왔어요.

4 저번 일은 죄송해요.

# You must be tired.
## 피곤하시겠어요.

상대와 공감할 때 must (~임에 틀림없다)가 빛을 발하는데요. 예를 들어 야근한 동료에게 피곤하겠다고 말할 땐 **You must be tired.** (피곤하시겠어요.)라고 하고 정신없이 바빠 점심을 못 먹은 동료에겐 **You must be hungry.** (배고프시겠어요.)라고 할 수 있어요. 상대가 '틀림없이 ~한 상대'라는 걸 공감하고 이해힌다는 뉘잉스로 자주 쓰입니다.

MP3 듣기

## 1 문장 익히기
**10번 반복해서 큰 소리로 읽어보며 내 것으로 만듭니다.**

- **You must be tired.**
  피곤하시겠어요.

- **You must be hungry.**
  배고프시겠어요.

- **That must be hard for you.**
  (위로) 힘드시겠어요.

A  I got off work late last night. 어제 늦게 퇴근했어요.

B  Aw, you must be tired. 이런, 피곤하시겠어요.

---

A  My uncle's not doing well. 삼촌 상태가 별로 안 좋으셔.

B  Sorry to hear that. That must be hard for you and your family. 정말 유감이다. 너도, 가족도 힘들겠네.

---

A  I was so busy that I didn't have time to get lunch.
너무 바빠서 점심 먹을 시간이 없었네요.

B  Aw, you must be hungry. Would you like me to pick up a sandwich for you?
이런, 배고프시겠어요. 샌드위치 좀 사다 드릴까요?

A  That would be great.
Thank you so much.
그럼 정말 좋겠네요. 정말 고맙습니다.

## 1초 안에 영어로 말해보기!
1초 안에 영어로 나오지 않는다면 1번에서 다시 연습합니다.

1  피곤하시겠어요.

2  배고프시겠어요.

3  (위로) 힘드시겠어요.

# How do you know Oliver?
## Oliver는 어떻게 아세요?

미국인들은 화려한 파티가 아니더라도 지인들끼리 모여 간단히 술 한 잔씩 하고 어울릴 수 있는 작은 파티를 자주 여는데요. 예를 들어 Oliver가 주최한 파티라면 파티에 초대받은 사람들끼리는 서로를 모르더라도 공통적으로 Oliver는 알고 지내는 사이겠죠? 그래서 옆에 있는 사람에게 Oliver와는 어떻게 알고 지내는 사이인지 **How do you know Oliver?**라고 물어보며 자연스레 대화를 이어 나갈 수 있어요.

MP3 듣기

# 1 문장 익히기
### 10번 반복해서 큰 소리로 읽어보며 내 것으로 만듭니다.

- ## How do you know Oliver?
  Oliver는 어떻게 아세요?

- ## We went to the same school.
  (같은 학교를 나왔다는 의미) 동창이에요.

- ## We work together.
  (같이 일한다는 의미) 동료예요.

# 2 어색한 침묵을 깨는 스몰톡
학습한 문장을 활용해 실전 대화 연습을 해 봅시다.

A **How do you know Oliver?**
Oliver와는 어떻게 아세요?

B **We went to the same school.**
(같은 학교를 나왔다는 의미) 동창이에요.

A **How do you know Mr. Joel?**
Joel씨는 어떻게 알게 된 사이세요?

B **We work together. How about you?**
(같이 일한다는 의미) 동료예요. 당신은요?

A **He's a good friend of my husband's.**
남편의 친한 친구예요.

## 1초 안에 영어로 말해보기!
1초 안에 영어로 나오지 않는다면 1번에서 다시 연습합니다.

1 **Oliver는 어떻게 아세요?**

2 (같은 학교를 나왔다는 의미) **동창이에요.**

3 (같이 일한다는 의미) **동료예요.**

# Have you been to an event like this before?
## 이런 행사에 와 보신 적 있으세요?

세미나나 학회 등 행사에 참가했을 때 같은 테이블에 앉은 사람이나 옆에 있는 사람과 자연스레 대화를 나눌 수 있는데요. 이런 행사에 와 본 적이 있는지 물어볼 땐 Have you been to an event like this before?라고 할 수 있습니다. 매년 여는 행사라면 작년에 행사에 참여했는지 물어볼 수 있겠죠. 그땐 Is this your first time or did you come here last year? (처음 오신 건가요, 아니면 작년에 오셨었나요?)라고 하면 됩니다.

MP3 듣기

# 1 문장 익히기
### 10번 반복해서 큰 소리로 읽어보며 내 것으로 만듭니다.

- **Have you been to an event like this before?**
  이런 행사에 와 보신 적 있으세요?

- **Is this your first time or did you come here last year?**
  처음 오신 건가요, 아니면 작년에 오셨었나요?

- **I come here every year.**
  여기 매년 와요.

- **This is my first time.**
  이번이 처음이에요.

# 2 어색한 침묵을 깨는 스몰톡
학습한 문장을 활용해 실전 대화 연습을 해 봅시다.

---

A Is this your first time or did you come here last year?
처음 오신 건가요, 아니면 작년에 오셨었나요?

B I come here every year.
여기 매년 와요.

---

A Have you been to an event like this before?
이런 행사에 와 보신 적 있으세요?

B No, this is my first time. How about you?
아니요. 이번이 처음이에요. 당신은요?

A It's my first time as well.
I was hesitant to come
since I don't know anyone,
but I'm glad I came.
저도 처음이에요. 아는 사람이 없어서 올까
말까 고민했었는데 오길 잘 했네요.

## 1초 안에 영어로 말해보기!
1초 안에 영어로 나오지 않는다면 1번에서 다시 연습합니다.

---

1 이런 행사에 와 보신 적 있으세요?

2 처음 오신 건가요, 아니면 작년에 오셨었나요?

3 여기 매년 와요.

4 이번이 처음이에요.

# Are you having a good time?
## 즐거운 시간 보내고 계시나요?

세미나나 행사에서 주최자가 참가자들에게 좋은 시간을 보내고 있는지 확인차 물어볼 때도 쓰지만 지인과 놀 때도 Are you having a good time? (즐거운 시간 보내고 계시나요?)라고 확인차 물어볼 수 있어요. You는 '너/너희들'이란 단수/복수의 의미가 있기에 한 사람에게 물어볼 때나 다수의 사람들에게 물어볼 때 다 똑같이 쓸 수 있습니다. 이 외에도 I'm having a blast. 또는 I'm having a ball.도 좋은 시간을 보내고 있다는 의미로 쓰기도 하니 참고하세요.

MP3 듣기

## 1 문장 익히기
**10번 반복해서 큰 소리로 읽어보며 내 것으로 만듭니다.**

----------------------------------------

- **Are you having a good time?**
  즐거운 시간 보내고 계시나요?

- **I hope you are having a good time.**
  즐거운 시간 보내고 있길 바라요.

- **I'm having a great time.**
  (강조) 정말 즐거운 시간 보내고 있어요.

# 2 어색한 침묵을 깨는 스몰톡
학습한 문장을 활용해 실전 대화 연습을 해 봅시다.

A Are you having a good time?
즐거운 시간 보내고 계시나요?

B Yes, I'm having a great time. It's nice to sit here with a good drink and good company.
(강조) 네, 정말 즐거운 시간 보내고 있어요. 좋은 술과 좋은 사람들과 함께 하니 좋네요.

A It's nice to see such a big crowd come out this evening. I hope you're all having a great time.
(행사 주최자가 참가자들에게) 오늘 저녁 이렇게 많은 분들이 와 주셔서 정말 기쁘네요. 다들 즐거운 시간 보내고 있길 바라요.

## 1초 안에 영어로 말해보기!
1초 안에 영어로 나오지 않는다면 1번에서 다시 연습합니다.

1  즐거운 시간 보내고 계시나요?

2  즐거운 시간 보내고 있길 바라요.

3  (강조) 정말 즐거운 시간 보내고 있어요.

# Stay hydrated.
## 물 많이 드세요.

네이티브는 평소 인사말로 **[Stay + 형용사]** (계속 ~하세요.)를 자주 쓰는데요. 예를 들어 여름에는 수분 보충을 충분히 하라는 의미인 **Stay hydrated.** (물 많이 드세요.)를, 겨울에는 옷을 따뜻하게 입으라는 의미인 **Stay warm.** (옷 따뜻하게 입으세요)을, 비 올 때는 비 맞지 않도록 조심하라는 **Stay dry.** (비 안 맞게 조심하세요.)를 정말 자주 씁니다.

MP3 듣기

# 1 문장 익히기
### 10번 반복해서 큰 소리로 읽어보며 내 것으로 만듭니다.

- ## Stay hydrated.
  (특히 여름에) 수분 보충 충분히 하세요 / 물 많이 드세요.

- ## Stay warm.
  옷 따뜻하게 입으세요.

- ## Stay dry.
  비 안 맞게 조심하세요.

- ## Try not to catch a cold.
  감기 걸리지 않게 조심하세요.

# 2 어색한 침묵을 깨는 스몰톡

학습한 문장을 활용해 실전 대화 연습을 해 봅시다.

---

A Stay hydrated.
(특히 여름에) 수분 보충 충분히 하세요 / 물 많이 드세요.

B I will. 그럴게요.

---

A Stay warm, and try not to catch a cold.
옷 따뜻하게 입으시고 감기 조심하세요.

B Likewise. Bundle up!
당신도요. 옷 따뜻하게 입으세요.

---

A It's literally pouring out there.
밖에 비가 정말 많이 오네요.

B Make sure to take an umbrella.
우산 꼭 가져가세요.

A I will. Stay dry.
그럴게요. 비 안 맞게 조심하세요.

literally는 '말 그대로, 정말로'란 의미로 강조할
때 자주 쓰여요.

# 1초 안에 영어로 말해보기!

1초 안에 영어로 나오지 않는다면 1번에서 다시 연습합니다.

---

1 (특히 여름에) **수분 보충 충분히 하세요 / 물 많이 드세요.**

2 **옷 따뜻하게 입으세요.**

3 **비 안 맞게 조심하세요.**

4 **감기 걸리지 않게 조심하세요.**

# I hope it goes well.
## 잘 진행되길 바라요.

면접이나 프레젠테이션 등 중요한 일을 앞두고 있는 상대에게 잘 되길 바란다고 할 땐 **I hope it goes well.** (잘 진행되길 바라요.)라고 합니다. 이 표현을 응용해서 이미 중요한 일을 마친 상대에게 잘 진행되었기를 바란다고 할 땐 **I hope it went well.** (잘 진행되었기를 바라요.)라고 하면 됩니다.

MP3 듣기

# 1 문장 익히기
### 10번 반복해서 큰 소리로 읽어보며 내 것으로 만듭니다.

- **I hope it goes well.**
  잘 진행되길 바라요.

- **I hope it went well.**
  잘 진행되었기를 바라요.

- **Good luck on your presentation.**
  (행운을 빈다는 의미) 프레젠테이션 잘 하고 오세요.

- **Not that you need it, good luck.**
  굳이 말하지 않아도 잘 하고 오겠지만 잘 하고 와.

# 2 어색한 침묵을 깨는 스몰톡

학습한 문장을 활용해 실전 대화 연습을 해 봅시다.

A Good luck today, not that you need it.
굳이 말하지 않아도 잘 하고 오겠지만 오늘 잘 하고 와.

B Thanks.
고마워.

---

A I hope your meeting went well.
미팅이 잘 진행되었기를 바라요.

B It did. Thank you for your help.
잘 진행됐어요. 도움 주셔서 고맙습니다.

---

A Good luck on your interview.
I hope it goes well.
인터뷰 잘 하고 오세요. 잘 되길 바랄게요.

B Thank you. I'm so nervous.
고맙습니다. 정말 긴장되네요.

# 1초 안에 영어로 말해보기!

1초 안에 영어로 나오지 않는다면 1번에서 다시 연습합니다.

1  잘 진행되길 바라요.

2  잘 진행되었기를 바라요.

3  (행운을 빈다는 의미) 프레젠테이션 잘 하고 오세요.

4  굳이 말하지 않아도 잘 하고 오겠지만 잘 하고 와.

# What's your New Year's resolution?

## 새해 다짐을 무엇으로 정하셨나요?

연말이나 연초엔 우리도 운동이나 영어공부 등 새해 다짐을 정하 듯 네이티브도 똑같아요. 새해 다짐을 어떤 걸로 정했는지 물어볼 땐 굳은 결심/다짐을 의미하는 resolution을 이용해서 **What's your New Year's resolution?**이라고 하면 됩니다.

MP3 듣기

# 1 문장 익히기

**10번 반복해서 큰 소리로 읽어보며 내 것으로 만듭니다.**

------------------------------------------------

- ## What's your New Year's resolution?
  새해 다짐을 무엇으로 정하셨나요?

- ## My New Year's resolution is to study English.
  제 새해 다짐은 영어 공부하는 거예요.

- ## My New Year's resolution is to read more.
  제 새해 다짐은 독서를 더 많이 하는 거예요.

A I can't believe this year is almost over.
올 한 해가 거의 끝나간다니 믿기지 않네요.

B I know. Time flies. What's your New Year's resolution?
그러게요. 시간 참 빨리 가죠. 새해 다짐은 무엇으로 정하셨나요?

A My New Year's resolution is to study English.
제 새해 다짐은 영어 공부하는 거예요.

---

A What's your New Year's resolution?
새해 다짐은 무엇으로 정하셨나요?

B My New Year's resolution is
to quit smoking.
제 새해 다짐은 금연하는 거예요.

A Oh, that's a hard one. I fail
every year.
아, 이루기 힘든 다짐이네요. 전 매년 실패해요.

**1초 안에 영어로 말해보기!**
1초 안에 영어로 나오지 않는다면 1번에서 다시 연습합니다.

1  새해 다짐을 무엇으로 정하셨나요?

2  제 새해 다짐은 영어 공부하는 거예요.

3  제 새해 다짐은 독서를 더 많이 하는 거예요.

## (( Review ))

MP3 듣기

 그동안 배운 표현을 다시 한번 크게 5번 따라 읽어 본 후, 혼자서 크게 5번 읽어 봅시다.

---

**01** **I'm glad I ran into you!**
(지나가다 우연히 만났을 때) 이렇게 만나니 정말 반갑네요!

따라 읽기 ① ② ③ ④ ⑤ / 혼자서 읽기 ① ② ③ ④ ⑤

**02** **Sorry about the other day.** 저번 일은 죄송해요.

따라 읽기 ① ② ③ ④ ⑤ / 혼자서 읽기 ① ② ③ ④ ⑤

**03** **You must be tired.** 피곤하시겠어요.

따라 읽기 ① ② ③ ④ ⑤ / 혼자서 읽기 ① ② ③ ④ ⑤

**04** **How do you know Oliver?** Oliver는 어떻게 아세요?

따라 읽기 ① ② ③ ④ ⑤ / 혼자서 읽기 ① ② ③ ④ ⑤

**05** **Have you been to an event like this before?**
이런 행사에 와 보신 적 있으세요?

따라 읽기 ① ② ③ ④ ⑤ / 혼자서 읽기 ① ② ③ ④ ⑤

**06** **Are you having a good time?** 즐거운 시간 보내고 계시나요?

따라 읽기 ① ② ③ ④ ⑤ / 혼자서 읽기 ① ② ③ ④ ⑤

**07** **I'm having a great time.** (강조) 정말 즐거운 시간 보내고 있어요.

따라 읽기 ① ② ③ ④ ⑤ / 혼자서 읽기 ① ② ③ ④ ⑤

**08** **Stay warm.** 옷 따뜻하게 입으세요.

따라 읽기 ① ② ③ ④ ⑤ / 혼자서 읽기 ① ② ③ ④ ⑤

**09** **I hope it goes well.** 잘 진행되길 바라요.

따라 읽기 ① ② ③ ④ ⑤ / 혼자서 읽기 ① ② ③ ④ ⑤

**10** **What's your New Year's resolution?** 새해 다짐을 무엇으로 정하셨나요?

따라 읽기 ① ② ③ ④ ⑤ / 혼자서 읽기 ① ② ③ ④ ⑤

01  (지나가다 우연히 만났을 때) 이렇게 만나니 정말 반갑네요!

_____ .

02  저번 일은 죄송해요.

_____ .

03  피곤하시겠어요.

_____ .

04  Oliver는 어떻게 아세요?

_____ .

05  이런 행사에 와 보신 적 있으세요?

_____ .

06  즐거운 시간 보내고 계시나요?

_____ .

07  (강조) 정말 즐거운 시간 보내고 있어요.

_____ .

08  옷 따뜻하게 입으세요.

_____ .

09  잘 진행되길 바라요.

_____ .

10  새해 다짐을 무엇으로 정하셨나요?

_____ .

# Chapter 12

## Day 098 ~ 100

## 부드럽게 마무리

# It was nice talking to you.
## 대화 즐거웠어요.

상대와 헤어지거나 대화를 마무리할 때 다짜고짜 Bye!라고 하면 어색하죠. 나눈 대화가 즐거웠다는 의미로 It was nice talking to you.를 쓰면 자연스럽게 대화를 마무리할 수 있어요. 전화를 끊을 때도 쓸 수 있는 유용한 표현입니다. 이를 응용해서 초면에 만나서 반가웠다고 할 땐 It was nice meeting you. 구면일 땐 It was nice seeing you.를 쓰면 됩니다.

MP3 듣기

# 1 문장 익히기
### 10번 반복해서 큰 소리로 읽어보며 내 것으로 만듭니다.

- **It was nice talking to you.**
  대화 즐거웠어요.

- **It was nice meeting you.**
  (초면) 만나서 즐거웠어요.

- **It was nice seeing you.**
  (구면) 만나서 즐거웠어요.

## 2 어색한 침묵을 깨는 스몰톡

학습한 문장을 활용해 실전 대화 연습을 해 봅시다.

A It was nice talking to you. 대화 즐거웠어요.

B It was nice talking to you, too. Take care.
저도 대화 즐거웠어요. 몸조심하세요. (헤어질 때의 인사말)

---

A It was nice meeting you.
(초면) 만나서 즐거웠어요.

B It was nice meeting you, too. Talk to you soon.
(초면) 저도 만나서 즐거웠어요. 또 연락드릴게요.

---

A It was nice seeing you and your family.
(구면) 당신과 가족분들을 뵈어서 즐거웠어요.

B Likewise, and I, for one, am going to be much better about keeping in touch.
저희도요. 그리고 앞으로 저부터 더 자주 연락할게요.

I, for one, 은 '다른 사람은 몰라도 난'이란 뜻입니다.

## 1초 안에 영어로 말해보기!

1초 안에 영어로 나오지 않는다면 1번에서 다시 연습합니다.

1 대화 즐거웠어요.

2 (초면) 만나서 즐거웠어요.

3 (구면) 만나서 즐거웠어요.

# Day 099

# I enjoyed your company.
## 함께 해서 즐거웠어요.

우리에게 익숙한 단어인 company엔 '회사'라는 의미 외에도 '같이 있어줌/일행'이라는 의미
도 있는데요. **I enjoyed your company.** (함께 해서 즐거웠어요.)는 비행기 옆 좌석에 같이
앉아 대화를 나눈 상대에게 또는 함께 시간을 보낸 후 가볍게 쓸 수 있는 인사말입니다.

MP3 듣기

# 1 문장 익히기
### 10번 반복해서 큰 소리로 읽어보며 내 것으로 만듭니다.

- **I enjoyed your company.**
  함께 해서 즐거웠어요.

- **I did enjoy your company.**
  (강조) 함께 해서 정말 즐거웠어요.

- **I enjoyed her company.**
  그녀와 함께 해서 즐거웠어요.

## 2 어색한 침묵을 깨는 스몰톡

학습한 문장을 활용해 실전 대화 연습을 해 봅시다.

A  I enjoyed your company.

함께 해서 즐거웠어요.

B  Likewise. We should hang out more often.

저도요. 우리 더 자주 봐요.

A  Definitely. I could always use time out of the office.

그럼요. 사무실에서 벗어나는 건 언제든 좋죠.

---

A  Did you like her?

그녀가 맘에 들었나요?

B  I did. I enjoyed her company.
   We're going on another date this
   Saturday. Wish me luck.

네, 그녀와 함께 해서 즐거웠어요. 이번 주 토요일에
또 데이트하기로 했어요. 잘 되길 바래줘요.

## 1초 안에 영어로 말해보기!

1초 안에 영어로 나오지 않는다면 1번에서 다시 연습합니다.

1  함께 해서 즐거웠어요.

2  (강조) 함께 해서 정말 즐거웠어요.

3  그녀와 함께 해서 즐거웠어요.

**Day 100**

# Let's grab coffee sometime.
## 언제 시간 될 때 커피 한잔해요.

대화를 마무리하며 상대에게 언제 시간될 때 커피 한잔하자고 가볍게 얘기할 땐 '재빨리 ~하다'란 의미의 grab을 응용해 **Let's grab coffee sometime.**이라고 하면 됩니다. coffee 외에도 lunch(점심)이나 a drink(술 한 잔) 등을 넣어서 응용할 수도 있어요. grab 대신 get 또는 have를 써도 됩니다.

MP3 듣기

# 1 문장 익히기
### 10번 반복해서 큰 소리로 읽어보며 내 것으로 만듭니다.

- ## Let's grab coffee sometime.
  언제 시간 될 때 커피 한잔해요.

- ## Let's have lunch sometime.
  언제 시간 될 때 점심이라도 같이 해요.

- ## I'll check my schedule and give you a call.
  일정 확인해 보고 전화드릴게요.

# 2 어색한 침묵을 깨는 스몰톡
학습한 문장을 활용해 실전 대화 연습을 해 봅시다.

A Let's grab coffee sometime.
언제 시간 될 때 커피 한잔해요.

B We should. How about next Friday?
그래요. 다음 주 금요일 어때요?

A Next Friday sounds good. See you then.
다음 주 금요일 좋아요. 그럼 그때 봐요.

A Let's grab lunch sometime.
언제 시간 될 때 점심이라도 같이 해요.

B I'd love to. I'll check my schedule and give you a call.
정말 좋죠. 일정 확인해 보고 전화드릴게요.

A Were you serious about dinner?
저녁 먹자고 한 거 진심이었어?

B Of course. Let's get dinner tomorrow.
그럼. 내일 만나서 저녁 먹자.

## 1초 안에 영어로 말해보기!
1초 안에 영어로 나오지 않는다면 1번에서 다시 연습합니다.

1 언제 시간 될 때 커피 한잔해요.

2 언제 시간 될 때 점심이라도 같이 해요.

3 일정 확인해 보고 전화 드릴게요.

## (( Review ))

 그동안 배운 표현을 다시 한번 크게 5번 따라 읽어 본 후, 혼자서 크게 5번 읽어 봅시다.

**01 It was nice talking to you.** 대화 즐거웠어요.
따라 읽기 ① ② ③ ④ ⑤ / 혼자서 읽기 ① ② ③ ④ ⑤

**02 It was nice meeting you.** (초면) 만나서 즐거웠어요.
따라 읽기 ① ② ③ ④ ⑤ / 혼자서 읽기 ① ② ③ ④ ⑤

**03 It was nice seeing you.** (구면) 만나서 즐거웠어요.
따라 읽기 ① ② ③ ④ ⑤ / 혼자서 읽기 ① ② ③ ④ ⑤

**04 I enjoyed your company.** 함께 해서 즐거웠어요.
따라 읽기 ① ② ③ ④ ⑤ / 혼자서 읽기 ① ② ③ ④ ⑤

**05 We should hang out more often.** 우리 더 자주 봐요.
따라 읽기 ① ② ③ ④ ⑤ / 혼자서 읽기 ① ② ③ ④ ⑤

**06 Wish me luck.** 잘 되길 바래줘요.
따라 읽기 ① ② ③ ④ ⑤ / 혼자서 읽기 ① ② ③ ④ ⑤

**07 Let's grab coffee sometime.** 언제 시간 될 때 커피 한잔해요.
따라 읽기 ① ② ③ ④ ⑤ / 혼자서 읽기 ① ② ③ ④ ⑤

**08 Let's have lunch sometime.** 언제 시간 될 때 점심이라도 같이 해요.
따라 읽기 ① ② ③ ④ ⑤ / 혼자서 읽기 ① ② ③ ④ ⑤

**09 I'll check my schedule and give you a call.**
일정 확인해 보고 전화드릴게요.
따라 읽기 ① ② ③ ④ ⑤ / 혼자서 읽기 ① ② ③ ④ ⑤

**10 Let's get dinner tomorrow.** 내일 만나서 저녁 먹자.
따라 읽기 ① ② ③ ④ ⑤ / 혼자서 읽기 ① ② ③ ④ ⑤

01  대화 즐거웠어요.

_____ .

02  (초면) 만나서 즐거웠어요.

_____ .

03  (구면) 만나서 즐거웠어요.

_____ .

04  함께 해서 즐거웠어요.

_____ .

05  우리 더 자주 봐요.

_____ .

06  잘 되길 바래줘요.

_____ .

07  언제 시간 될 때 커피 한잔해요.

_____ .

08  언제 시간 될 때 점심이라도 같이 해요.

_____ .

09  일정 확인해 보고 전화드릴게요.

_____ .

10  내일 만나서 저녁 먹자.

_____ .